Can you circle the hidden words?

Q	N	O	F	V	H	F	N	V	M
V	D	B	M	W	W	P	Z	S	S
N	V	U	I	O	N	E	U	U	D
E	R	P	Z	G	X	B	L	M	X
C	Q	H	U	I	N	V	G	L	B
T	H	R	O	W	A	W	A	Y	U
D	I	X	N	B	L	U	E	U	I
K	X	K	T	C	N	S	J	M	H
E	N	M	O	U	S	E	V	V	Y
Z	V	Y	H	Q	F	D	Y	V	X

ONE

หนึ่ง

MOUSE

หนู

THROW AWAY

ทิ้ง

BLUE

สีน้ำเงิน

Can you circle the hidden words?

W	D	K	T	Y	A	K	W	S	I
S	E	J	C	N	Y	C	X	G	B
Q	T	Y	S	G	W	N	N	P	P
H	C	O	Z	I	T	S	W	X	Z
C	A	R	R	A	C	I	N	G	P
B	B	C	R	I	C	K	E	T	K
C	F	A	T	P	L	J	S	L	A
E	X	X	H	J	J	D	N	C	Z
E	H	I	P	S	I	L	Q	P	Y
F	I	G	D	O	L	L	S	L	P

CRICKET

จิ้งหรีด

CAR RACING

รถแข่ง

DOLL

ตุ๊กตา

HIPS

สะโพก

Can you circle the hidden words?

D	I	C	T	I	O	N	A	R	Y
G	O	V	W	N	Q	D	L	Q	P
B	S	T	I	Q	W	N	A	C	Q
O	C	U	T	W	Y	U	P	W	R
K	F	I	Y	T	S	E	W	N	D
K	F	B	E	Y	G	I	X	T	M
C	I	X	L	W	Z	A	N	V	T
T	U	D	O	L	L	F	Q	R	H
C	S	T	R	A	I	N	E	R	J
I	B	L	I	N	D	S	N	N	U

DOLL

ตุ๊กตา

BLINDS

ผ้าม่าน

STRAINER

เครื่องกรองน้ำ

DICTIONARY

พจนานุกรม

Can you circle the hidden words?

A	S	X	P	H	E	N	G	C	C
Y	U	F	I	G	U	E	G	C	H
A	C	B	Q	G	L	A	S	S	L
N	O	M	M	M	G	A	N	U	I
E	V	W	D	Q	I	D	L	E	E
K	E	X	V	E	Q	O	W	V	S
I	E	A	J	F	V	V	Q	Q	P
D	A	T	G	A	Z	Y	R	G	M
F	W	X	T	B	R	U	S	H	G
P	E	J	L	U	A	N	A	T	H

FIG

มะเดื่อ

HEN

ไก่

GLASS

กระจก

BRUSH

แปรง

Can you circle the hidden words?

X	B	G	B	R	E	A	D	L	L
G	E	S	U	I	T	J	Z	G	N
X	S	U	R	A	M	H	K	A	E
M	Q	T	T	H	V	Y	O	E	H
F	G	L	Q	H	A	E	E	R	V
Z	H	A	I	R	Y	K	D	R	O
O	K	O	Q	C	L	I	M	B	Y
V	P	B	F	A	A	E	N	A	W
T	B	G	K	N	R	L	S	P	P
T	S	H	N	T	T	S	L	A	M

HAIR

ผม

CLIMB

ไต่

BREAD

ขนมปัง

SUIT

สูท

Can you circle the hidden words?

```
G L H Z D F J F I C
D I S H W V B G R I
I Z C H E E K S H D
W F F U D E E R O P
T G S L L H M W Y S
L G H O R Y Q I V M
E X J P Q H I P K Q
P A P P L E H H V R
E Q W L M Z G B B U
X A I B L X I K B L
```

APPLE

แอปเปิ้ล

CHEEKS

แก้ม

DEER

กวาง

DISH

จาน

Can you circle the hidden words?

```
Y  M  H  B  T  W  X  V  H  X
U  D  X  X  O  B  B  G  E  W
U  J  O  X  F  I  M  P  M  B
F  O  R  E  H  E  A  D  A  N
C  A  B  B  A  G  E  U  Y  L
M  I  J  T  U  R  N  O  N  F
Q  X  S  Z  T  B  G  N  O  D
Y  O  G  A  A  L  M  X  C  S
Y  G  T  C  K  V  G  V  R  G
T  V  X  C  Y  Q  Z  P  C  V
```

FOREHEAD

หน้าผาก

YOGA

โยคะ

TURN ON

เปิด

CABBAGE

กะหล่ำปลี

Can you circle the hidden words?

Q	S	O	C	T	E	G	U	T	R
N	Q	O	J	S	D	Y	K	T	P
R	L	U	I	B	I	H	O	C	N
U	N	D	E	R	P	A	N	T	S
N	M	H	U	N	I	J	Z	J	R
P	K	T	I	C	F	H	H	M	M
I	L	Y	V	L	F	V	Q	G	H
V	F	R	Y	G	C	X	Y	N	D
B	B	A	S	E	B	A	L	L	U
C	L	O	S	E	X	M	E	C	O

FRY

ทอด

BASEBALL

กีฬาเบสบอล

CLOSE

ปิด

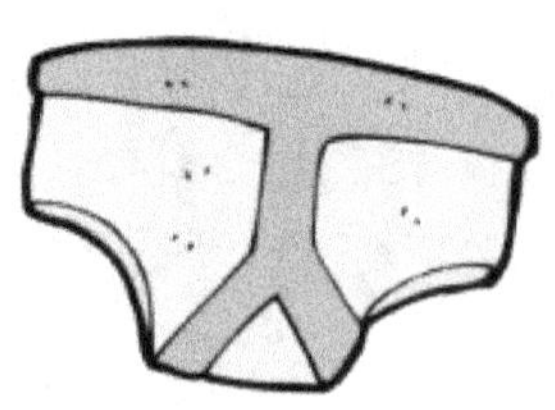

UNDERPANTS

กางเกงใน

Can you circle the hidden words?

O G P Q O X X H R B
A K V F Z Z Z L M G
W P I C P L C K G W
A P O N G L W V E T
Q S C N C I A Q Q V
P G U L T H A T X I
R U N N I N G U A X
J D L N E O J M A O
B R O C C O L I F O
H A N D S H P G N X

RUNNING

วิ่ง

HAT

หมวก

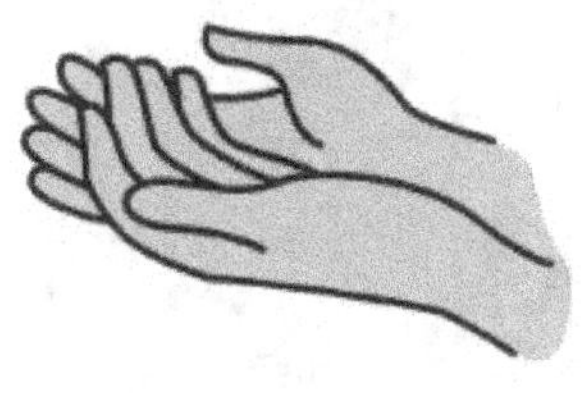

HANDS

มือ

BROCCOLI

บร็อคโคลี่

Can you circle the hidden words?

U	E	J	D	I	W	G	W	C	U
J	U	L	V	B	W	A	G	E	I
S	T	O	R	M	Y	S	X	G	V
Z	Y	S	B	U	S	V	P	J	V
X	A	D	Z	G	R	I	L	L	S
S	O	V	M	H	K	N	C	Q	K
I	V	J	I	Y	N	Y	H	P	J
W	T	N	T	G	B	C	O	Y	J
W	A	T	E	R	M	E	L	O	N
T	T	B	I	Z	I	O	G	X	X

STORMY

พายุ

WATERMELON

แตงโม

GRILL

ย่าง

BUS

รถบัส

Can you circle the hidden words?

```
T  Z  Z  S  U  E  I  Y  J  J
K  K  A  P  U  N  W  D  G  D
I  K  P  V  J  J  J  N  L  W
S  O  F  A  Y  C  Z  P  E  W
K  R  W  L  H  A  F  V  X  K
L  I  M  E  N  T  S  L  O  W
V  C  T  E  A  U  N  F  S  U
W  F  S  V  T  M  D  V  Y  Y
Z  I  Y  E  Q  V  O  G  R  V
W  I  N  G  C  H  A  I  R  R
```

WING CHAIR

เก้าอี้มีแขน

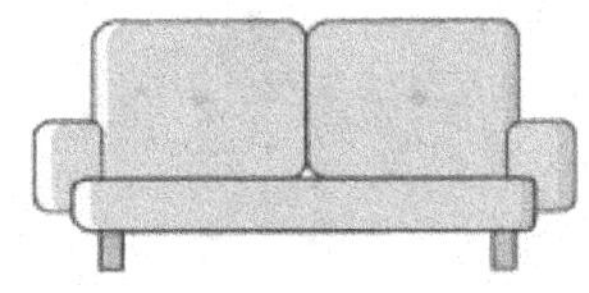

SOFA

โซฟา

TEA

ชา

LIME

มะนาว

Can you circle the hidden words?

```
Q A W T I T B N M O
D A Q S O F A N G E
O C P S O C K S H Q
V N I N E T E E N O
U X I L G D J I N D
J A C K E T A S O H
H K Q U G Q V L Z K
L K Q C U P E R V R
A D N P O I A A S N
A H J E D Z U L C K
```

NINETEEN

สิบเก้า

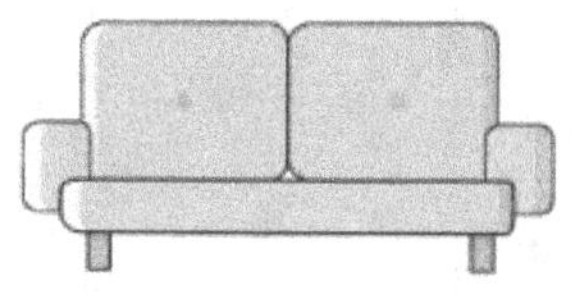

SOFA

โซฟา

JACKET

แจ็คเก็ต

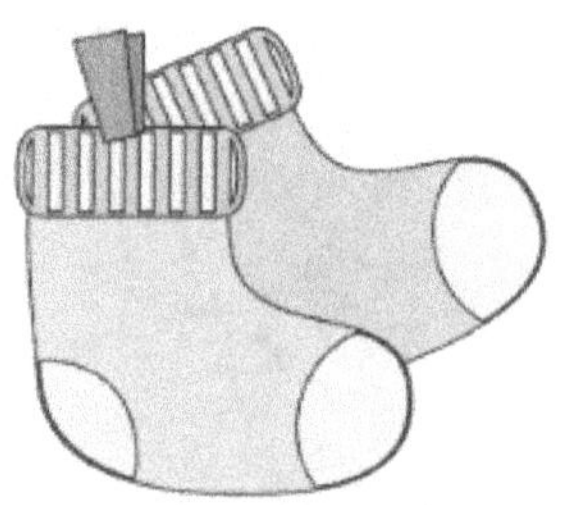

SOCKS

ถุงเท้า

Can you circle the hidden words?

D	C	C	L	Z	O	N	C	E	V
X	A	A	T	M	F	G	E	N	T
G	D	Z	I	J	O	P	L	D	L
U	K	K	Z	S	F	A	N	J	G
M	O	U	T	H	W	A	S	H	O
Y	Y	R	R	G	I	U	M	C	Z
A	G	C	R	E	A	M	O	A	O
I	C	U	T	G	S	M	O	W	E
A	A	J	F	J	Z	N	K	U	Y
B	K	N	R	H	U	I	Z	P	K

CREAM

ครีม

CUT

ตัด

FAN

พัดลมไฟฟ้า

MOUTHWASH

น้ำยาบ้วนปาก

Can you circle the hidden words?

M	T	F	J	N	V	Z	P	G	L
F	M	C	L	J	D	F	X	K	Y
X	W	B	E	A	N	S	Y	C	J
F	H	H	E	Q	P	R	A	T	V
C	L	E	A	N	S	E	R	F	M
C	V	A	K	M	R	D	I	L	V
Z	G	B	F	J	K	M	Q	Q	D
C	Y	J	E	L	I	O	N	J	T
N	A	V	L	B	N	S	V	Q	L
O	W	W	R	I	T	E	R	I	C

WRITER

นักเขียน

CLEANSER

น้ำยาทำความสะอาด

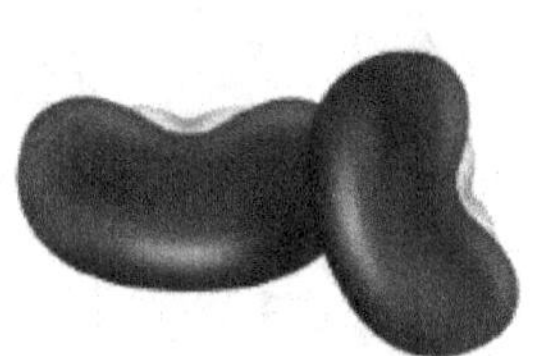

BEANS

ถั่ว

LION

สิงโต

Can you circle the hidden words?

N	J	F	G	R	I	E	R	W	I
C	R	A	W	L	A	T	O	X	C
F	I	P	A	J	A	M	A	S	U
Z	E	A	O	K	L	Y	J	O	Q
B	B	Y	Q	R	B	F	H	Q	L
M	C	V	D	Y	Q	J	D	G	H
Y	I	E	P	Z	R	E	U	I	O
N	A	D	R	I	L	L	C	S	J
M	A	R	G	A	R	I	N	E	T
H	N	I	Q	W	Z	Z	U	J	K

CRAWL

คลาน

MARGARINE

มาการีน

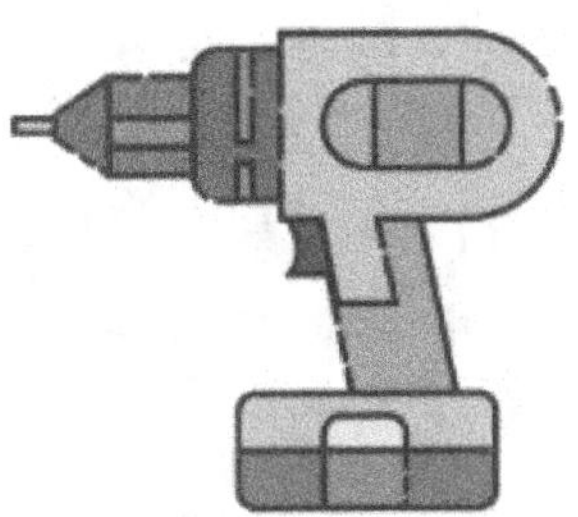

DRILL

เจาะ

PAJAMAS

เสื้อกางเกงนอน

Can you circle the hidden words?

M	T	Q	Z	K	O	K	T	M	F
X	U	T	G	L	O	V	E	S	J
M	N	Y	L	I	J	K	Y	F	V
D	I	K	M	M	T	N	Q	S	T
S	P	N	S	J	A	Q	F	D	M
U	C	M	P	H	T	B	Z	T	U
F	O	G	G	Y	S	U	Y	O	A
Y	O	G	U	R	T	K	G	H	J
M	I	L	K	S	H	A	K	E	O
V	N	N	Y	W	O	C	Q	J	S

MILKSHAKE

นมปั่น

YOGURT

โยเกิร์ต

GLOVES

ถุงมือ

FOGGY

เต็มไปด้วยหมอก

Can you circle the hidden words?

F	Y	K	E	P	I	G	L	G	A
S	K	Q	P	F	V	N	W	A	C
Y	V	W	I	K	P	C	S	G	F
R	A	I	N	C	O	A	T	B	H
F	E	F	O	Z	X	D	S	N	U
F	Y	W	D	E	B	L	O	Y	G
Z	C	L	O	C	K	T	G	X	A
G	H	B	G	P	Z	J	R	C	Q
Z	F	E	E	G	A	L	W	S	O
U	Y	W	I	N	X	U	N	I	X

WIN

ชนะ

PIG

หมู

CLOCK

นาฬิกา

RAINCOAT

เสื้อกันฝน

Can you circle the hidden words?

```
M  D  O  L  L  E  M  C  Z  B
C  A  B  B  A  G  E  F  K  B
Q  C  H  L  A  R  Q  Q  T  K
A  V  N  V  D  X  A  I  Y  L
Z  S  K  Z  D  Z  N  S  G  J
S  T  A  C  K  M  T  Z  D  F
V  J  A  L  N  A  B  I  E  L
V  E  T  X  V  E  Z  K  C  L
M  Y  T  O  A  S  T  E  R  N
M  W  K  G  D  J  U  Z  J  H
```

CABBAGE

กะหล่ำปลี

STACK

ซ้อนกัน

DOLL

ตุ๊กตา

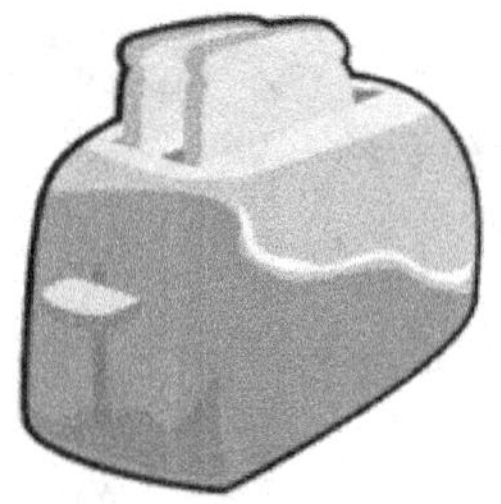

TOASTER

เครื่องปิ้งขนมปัง

Can you circle the hidden words?

E	W	U	K	Q	Q	N	R	I	O
U	C	B	E	E	T	H	V	U	G
L	Y	J	K	G	L	U	E	R	Q
M	R	F	D	Y	O	G	P	L	H
H	F	P	J	J	L	A	L	H	D
D	T	Y	F	C	T	Y	L	S	D
P	A	P	E	R	L	Q	N	Q	O
U	W	R	D	Q	F	R	I	Q	J
V	I	A	J	X	I	W	W	J	V
R	A	B	B	I	T	E	L	A	Y

BEE

ผึ้ง

RABBIT

กระต่าย

GLUE

กาว

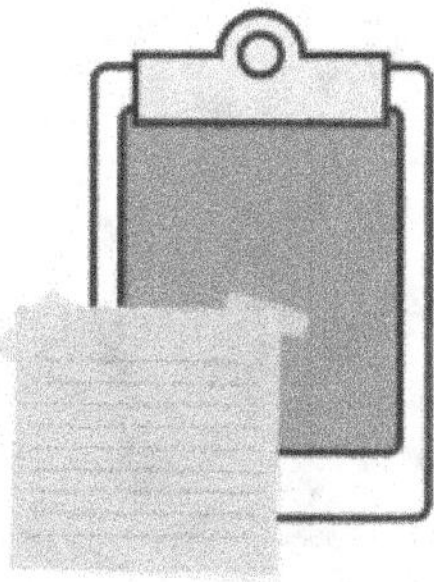

PAPER

กระดาษ

Can you circle the hidden words?

H	A	D	B	C	V	F	D	D	J
V	F	K	K	Y	S	V	L	Q	Z
G	G	F	L	O	X	Z	D	E	Q
I	J	W	F	I	S	H	L	K	Y
H	O	R	S	E	A	N	Z	V	R
O	K	S	T	A	N	D	U	P	Z
H	O	P	T	I	C	I	A	N	C
S	Q	S	J	H	C	Q	D	Y	F
H	X	V	V	B	O	U	G	V	S
X	Q	O	T	V	B	K	O	W	M

STAND UP

ยืนขึ้น

OPTICIAN

ช่างแว่นตา

HORSE

ม้า

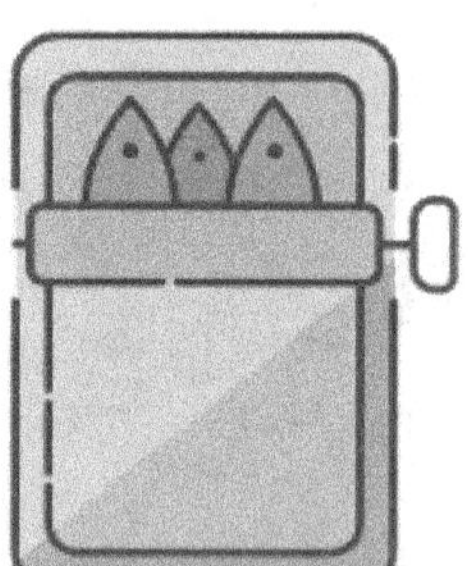

FISH

ปลา

Can you circle the hidden words?

G	M	W	K	F	O	U	R	J	D
H	Y	G	R	I	L	L	P	U	F
X	R	F	E	O	O	N	X	Q	R
M	E	N	E	E	U	W	W	S	J
L	N	V	S	F	G	X	Q	Z	T
C	A	L	C	U	L	A	T	O	R
Z	J	T	B	M	L	M	Z	G	O
M	U	F	O	R	K	H	F	E	P
W	H	V	K	M	K	H	G	T	X
G	R	G	K	G	R	F	Q	U	H

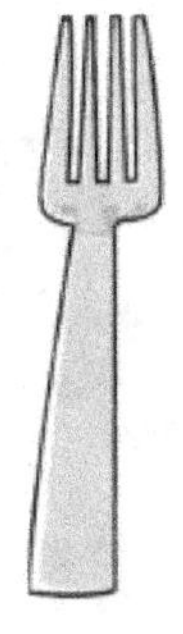

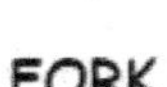

FORK

ส้อม

CALCULATOR

เครื่องคิดเลข

GRILL

ย่าง

FOUR

สี่

Can you circle the hidden words?

```
Y  D  V  G  S  I  N  K  S  G
L  P  B  C  U  K  B  G  A  X
D  R  I  N  K  T  V  V  B  X
U  C  F  R  E  A  D  J  Z  L
M  W  V  I  Z  S  B  F  J  C
H  Y  D  I  F  Q  D  P  O  J
P  L  E  Z  Q  F  U  M  T  H
Q  T  V  O  X  Y  D  X  W  D
X  N  M  I  R  R  O  R  O  M
E  S  O  M  T  O  S  K  K  Q
```

MIRROR

กระจกเงา

READ

อ่าน

SINKS

อ่างล้างมือ

DRINK

ดื่ม

Can you circle the hidden words?

C	H	E	E	K	S	G	Y	Q	Q
F	N	I	C	W	W	G	R	D	Y
L	I	S	T	E	N	S	I	P	A
W	J	A	C	P	I	G	K	E	E
M	W	F	Y	S	C	O	E	W	Y
T	N	S	I	F	V	H	A	H	D
X	N	T	Z	I	R	U	L	O	O
Y	O	M	A	Q	Q	M	L	X	B
M	U	G	K	P	Z	M	J	H	K
K	W	L	Y	A	Q	Y	B	X	C

PIG

หมู

MUG

เหงือก

CHEEKS

แก้ม

LISTEN

ฟัง

Can you circle the hidden words?

Z	H	H	S	X	Z	T	S	W	J
Z	O	R	A	N	G	E	X	H	L
E	O	Y	T	A	Z	S	G	T	Y
T	W	S	E	J	Y	O	X	Q	O
P	I	G	L	H	V	Y	E	O	Z
L	W	K	X	T	B	S	L	T	B
E	C	L	I	M	B	I	N	G	V
N	H	N	F	C	R	C	A	K	X
Y	Y	W	A	I	S	T	B	A	L
B	G	S	H	Z	Q	I	Z	Y	E

ORANGE

ส้ม

WAIST

เอว

CLIMBING

ปีนเขา

PIG

หมู

Can you circle the hidden words?

C	B	R	U	Z	T	J	M	K	M
T	V	P	S	H	I	P	S	H	I
J	B	D	C	N	R	A	P	C	R
R	Y	E	I	E	C	B	W	U	N
W	A	T	E	R	M	E	L	O	N
I	T	W	E	N	T	Y	F	X	D
G	F	B	P	E	Z	G	D	A	I
O	L	E	G	G	L	I	G	A	T
H	I	I	S	E	C	I	Q	S	T
Z	S	N	H	Y	N	E	H	D	B

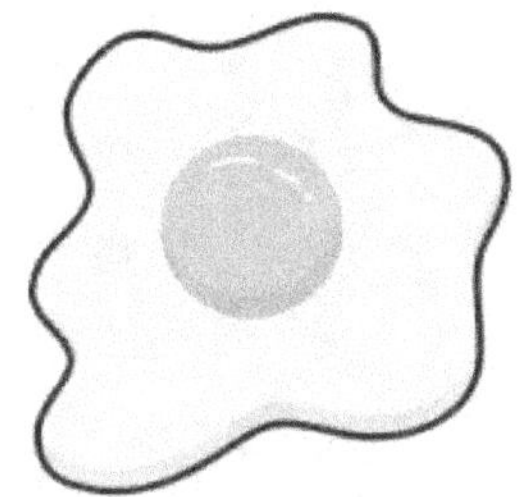

EGG

ไข่

SHIP

เรือ

WATERMELON

แตงโม

TWENTY

ยี่สิบ

Can you circle the hidden words?

C	H	S	G	R	V	Q	N	G	N
Q	W	N	H	U	F	U	I	S	B
R	V	Q	W	I	B	B	T	E	D
C	M	I	R	R	O	R	D	T	R
W	S	N	E	P	H	E	W	W	P
T	I	U	U	V	G	T	Q	M	J
W	S	W	C	V	W	K	I	A	O
P	U	M	P	K	I	N	M	U	U
B	O	M	U	K	T	N	D	V	P
D	A	T	U	R	K	E	Y	R	G

MIRROR

กระจกเงา

NEPHEW

หลานชาย

PUMPKIN

ฟักทอง

TURKEY

ไก่งวง

Can you circle the hidden words?

V	F	O	O	T	R	A	P	D	U
T	O	O	V	T	G	V	Y	R	M
E	R	Y	H	H	X	D	P	X	V
V	B	L	L	W	B	F	G	Q	X
G	H	R	Y	Q	T	J	N	C	Z
U	A	I	Z	E	G	G	S	X	K
F	Y	A	C	E	L	E	R	Y	F
N	W	T	B	V	U	O	M	H	O
N	J	D	S	D	S	R	C	K	N
Z	S	T	E	A	K	L	L	P	O

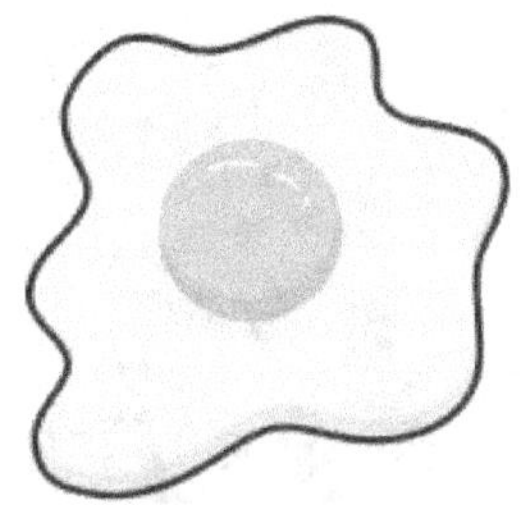

EGG

ไข่

FOOT

เท้า

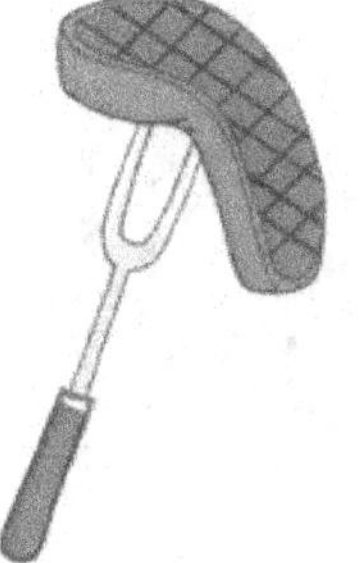

STEAK

สเต็ก

CELERY

ผักชีฝรั่ง

Can you circle the hidden words?

C	D	N	B	K	T	Q	U	R	Z
R	V	T	P	M	H	J	Q	L	A
Q	Q	S	J	E	H	K	E	S	R
N	I	X	B	E	E	R	I	A	D
K	I	R	J	D	W	U	W	M	U
O	L	Z	F	K	D	R	D	I	O
A	S	A	U	C	E	R	Z	H	M
G	A	W	R	M	Q	J	H	C	M
J	M	W	H	I	T	E	J	C	M
K	E	S	T	A	P	L	E	R	L

BEER

เบียร์

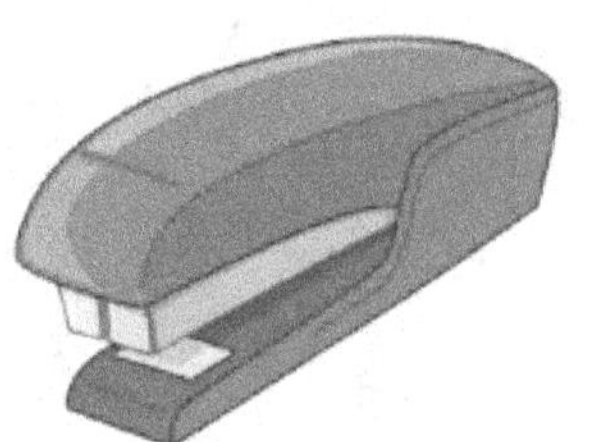

STAPLER

เครื่องเย็บกระดาษ

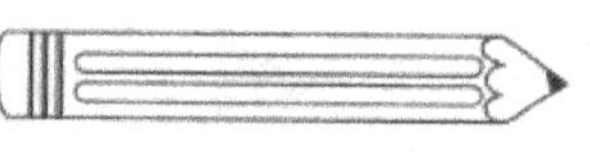

WHITE

ขาว

SAUCER

จานรอง

Can you circle the hidden words?


```
B  D  X  T  D  H  A  M  B  K
S  D  M  N  G  R  V  T  I  W
W  A  C  O  O  K  O  G  K  C
O  O  V  Z  Q  T  B  A  A  X
W  X  R  V  V  X  X  G  L  T
N  A  J  S  T  A  C  K  Q  K
P  T  G  T  O  J  W  E  D  P
M  R  A  C  R  E  A  M  D  X
Z  K  J  E  A  Q  E  T  B  L
I  S  N  W  L  W  Z  P  L  Y
```

COOK

ปรุงอาหาร

STACK

ซ้อนกัน

HAM

แฮม

CREAM

ครีม

Can you circle the hidden words?

X	V	M	S	E	V	E	N	T	L
N	J	L	Q	T	I	N	T	I	M
S	O	D	Z	M	D	V	N	E	K
N	K	A	O	Z	S	V	P	U	T
Y	R	W	G	S	N	O	S	E	A
U	Q	L	R	A	B	B	I	T	Z
E	M	O	P	S	I	N	G	M	J
T	G	P	K	Z	E	B	J	H	L
M	M	E	M	V	H	Z	D	X	C
Z	X	F	M	E	S	W	U	R	L

RABBIT

กระต่าย

SEVEN

เจ็ด

MOPS

ไม้ถูพื้น

NOSE

จมูก

Can you circle the hidden words?


```
O U T M J L L O E X
R T M E G V J J O Z
F I S H I N G L X O
T J R L J R F B V X
Y R Z E B R A A E T
C D C C C C N Z U B
L T R I A N G L E X
P X B C Q B W Z J T
E M C D X E T B W D
U S E A F O O D A J
```

TRIANGLE

สามเหลี่ยม

FISHING

ประมง

SEAFOOD

อาหารทะเล

ZEBRA

ม้าลาย

Can you circle the hidden words?

E	J	J	E	S	S	N	W	Z	E
T	O	N	G	U	E	B	X	N	B
R	A	B	B	I	T	X	A	G	X
D	B	W	S	O	H	A	P	W	U
Q	R	E	H	U	K	F	O	P	H
M	I	L	K	S	H	A	K	E	V
Q	Y	C	B	M	D	V	H	V	L
M	W	O	R	M	K	Y	J	A	E
H	P	M	M	F	Y	T	S	T	K
P	P	Q	I	W	S	O	F	F	M

WORM

หนอน

RABBIT

กระต่าย

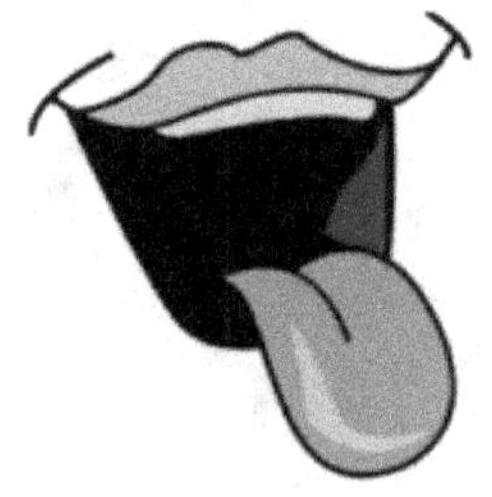

TONGUE

ลิ้น

MILKSHAKE

นมปั่น

Can you circle the hidden words?

Y	C	N	B	E	H	E	B	O	I
E	F	G	X	S	S	U	A	X	S
M	J	D	O	W	C	S	S	H	X
S	O	U	R	C	R	E	A	M	K
C	S	R	K	B	W	B	N	S	P
W	Y	P	I	C	T	U	R	E	S
R	U	L	S	V	U	D	G	N	D
Q	U	K	Q	I	Y	O	N	L	Z
L	C	U	P	A	P	E	R	A	Q
O	O	M	B	R	E	A	D	L	M

PAPER

กระดาษ

BREAD

ขนมปัง

SOUR CREAM

ครีมเปรี้ยว

PICTURE

ภาพ

Can you circle the hidden words?

```
L  E  G  S  S  F  R  Y  D  O
G  S  C  A  L  E  X  X  A  Z
Y  W  I  N  E  V  A  V  U  B
V  S  F  J  P  Y  O  L  Y  M
Q  U  Q  K  A  F  R  W  U  W
I  C  E  C  R  E  A  M  N  T
L  L  L  Q  L  J  E  N  U  N
K  H  X  D  C  V  I  X  Y  E
L  F  I  C  A  Z  D  K  Z  Y
Z  S  X  D  B  Z  P  N  C  P
```

WINE

ไวน์

ICE CREAM

ไอศครีม

LEGS

ขา

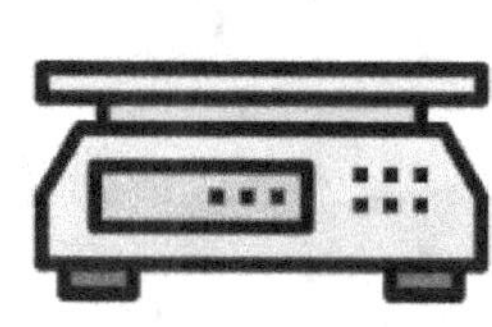

SCALE

ขนาด

Can you circle the hidden words?

I	U	W	W	W	F	X	G	B	B
B	Z	I	G	N	C	G	C	I	R
T	A	B	L	E	L	A	M	P	M
K	A	N	G	A	R	O	O	I	L
H	Q	A	Z	W	W	Z	O	T	O
R	I	D	E	J	L	S	I	G	Q
N	Y	J	P	R	X	D	F	F	H
X	D	O	C	A	F	E	D	M	K
Y	P	R	A	B	B	I	T	A	T
Q	D	P	W	K	I	F	E	G	K

RIDE

ขี่

RABBIT

กระต่าย

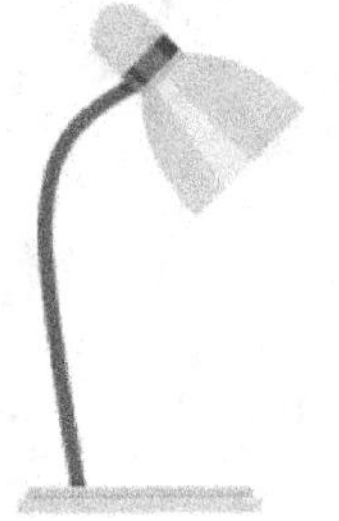

TABLE LAMP

โคมไฟ

KANGAROO

จิงโจ้

Can you circle the hidden words?

D	C	P	I	Z	Z	A	M	Z	A
Y	O	I	O	S	V	M	D	Q	H
T	L	Z	A	X	I	A	A	G	P
X	K	F	N	F	W	I	N	E	K
C	Q	X	G	C	A	W	M	D	B
S	T	R	A	W	B	E	R	R	Y
Y	F	O	N	U	G	M	L	A	Q
J	C	L	I	P	W	Q	E	Q	T
C	P	R	O	V	D	H	W	N	X
U	Y	Y	S	P	N	K	Z	P	F

PIZZA

พิซซ่า

STRAWBERRY

สตรอเบอร์รี่

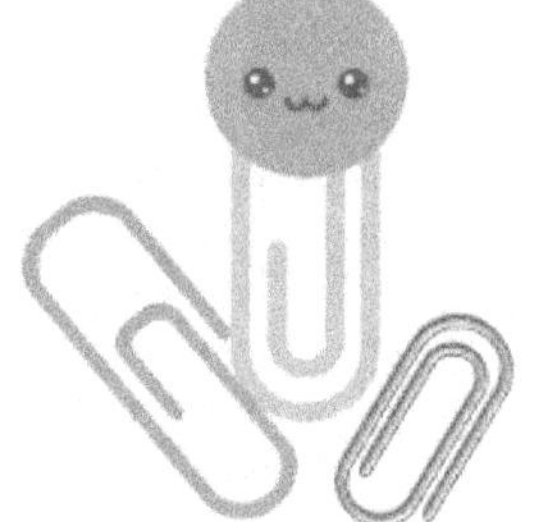

CLIP

คลิป

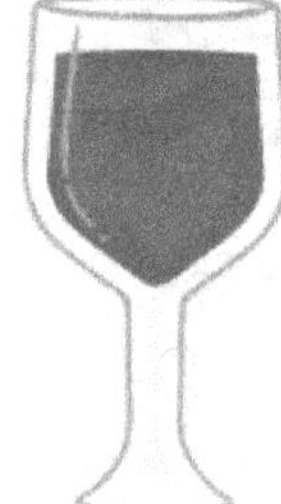

WINE

ไวน์

Can you circle the hidden words?

M	V	G	L	D	S	R	D	J	H
J	J	X	Y	I	T	L	R	G	U
M	A	H	Z	O	P	E	N	Y	N
R	S	C	I	S	S	O	R	S	M
B	A	R	T	E	N	D	E	R	D
X	K	I	P	J	B	T	K	D	U
P	I	G	D	I	V	T	P	O	K
L	H	Y	O	G	I	E	F	X	J
M	T	F	Z	V	S	P	N	G	J
G	X	G	K	E	M	Q	S	T	K

SCISSORS

กรรไกร

PIG

หมู

BARTENDER

นักผสมเครื่องดื่ม

OPEN

เปิด

Can you circle the hidden words?

G	B	K	N	I	F	E	T	Z	K
M	W	W	C	O	Z	L	J	F	X
K	S	F	R	I	S	O	M	B	W
B	H	H	I	P	S	U	K	R	U
B	E	H	R	Z	E	F	H	U	Z
A	D	I	A	A	C	S	I	A	I
H	T	I	G	E	R	B	P	Y	P
O	F	X	W	K	P	I	H	X	W
J	I	U	R	E	Q	G	Z	V	L
U	O	O	R	A	N	G	E	N	P

ORANGE

ส้ม

KNIFE

มีด

HIPS

สะโพก

TIGER

เสือ

Can you circle the hidden words?

Q	J	D	I	R	F	I	S	H	X
O	D	C	O	N	D	B	L	S	X
I	H	T	Z	G	I	F	T	U	M
S	K	Y	M	B	C	J	J	J	E
F	I	R	E	P	L	A	C	E	P
M	K	M	L	E	J	T	J	X	Y
G	C	W	G	F	V	N	X	B	Z
I	R	W	X	I	I	P	J	C	V
A	U	N	T	T	T	Q	I	A	W
Y	Q	T	W	E	L	V	E	N	O

FIREPLACE

เตาผิง

AUNT

ป้า

FISH

ปลา

TWELVE

สิบสอง

Can you circle the hidden words?

L P F K L H I H B H
O E Q G I Y G B E R
E Q X O A B R F B F
P I N E A P P L E Y
Y P G G A N U H U
G W C R X X I X J C
S K I H R N N X C S
P O T H O L D E R P
H A I R D R Y E R X
U E Q G E J J S W Q

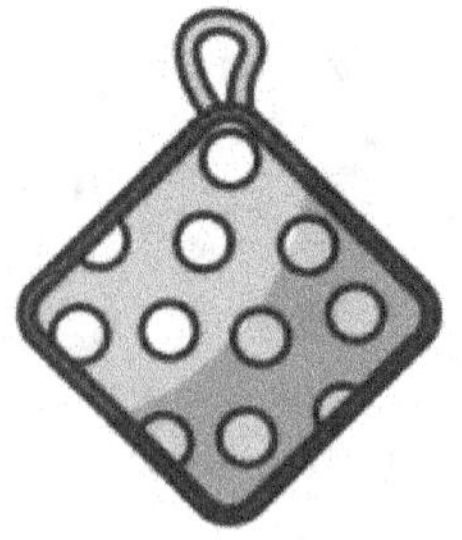

POTHOLDER

ที่ใส่หม้อ

HAIR DRYER

เครื่องเป่าผม

PINEAPPLE

สับปะรด

SKI

สกี

Can you circle the hidden words?

```
F  O  R  K  V  Q  I  R  Q  J
S  I  X  Y  G  D  J  J  F  U
C  E  E  B  G  P  G  W  S  H
Z  M  A  N  C  U  T  A  R  Q
N  D  G  V  L  L  R  E  I  E
B  E  A  N  S  Q  B  E  C  X
R  L  V  X  P  B  Y  S  E  U
L  S  L  G  F  I  R  F  X  M
N  V  I  J  L  G  L  R  W  X
C  N  Z  L  O  Q  A  I  H  J
```

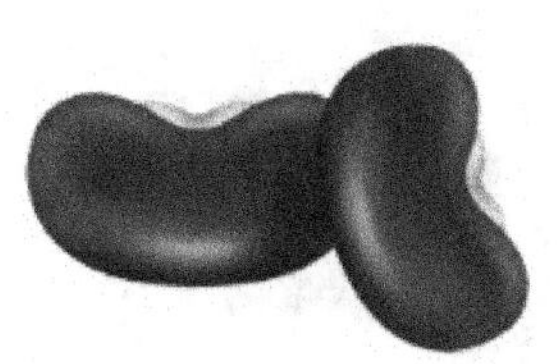

BEANS

ถั่ว

SIX

หก

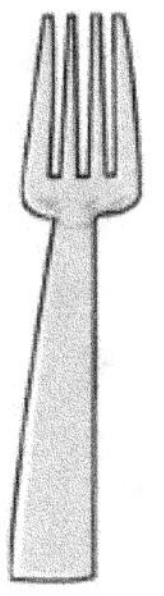

FORK

ส้อม

CUT

ตัด

Can you circle the hidden words?

Y	W	T	V	F	Z	F	K	G	C
I	N	Z	X	R	L	T	R	E	V
C	N	U	C	Z	E	G	J	Y	E
Q	Y	F	T	U	R	T	L	E	U
S	U	N	D	A	Y	H	I	D	C
C	L	I	M	B	I	N	G	T	Y
T	J	Q	B	O	D	R	A	C	V
K	A	X	R	D	B	A	B	L	P
V	D	E	E	R	H	Z	D	J	H
M	T	G	L	H	Z	V	X	I	F

TURTLE

เต่า

CLIMBING

ปีนเขา

Sunday

SUNDAY

วันอาทิตย์

DEER

กวาง

Can you circle the hidden words?

W	E	D	N	E	S	D	A	Y	G
I	T	F	I	S	H	I	N	G	G
U	H	Y	C	N	K	U	G	P	C
G	T	R	I	A	N	G	L	E	L
I	F	Z	K	G	E	Z	D	X	Y
Y	E	P	L	P	M	N	M	J	F
T	E	A	C	H	E	R	X	S	D
N	J	S	G	L	P	U	F	K	W
F	W	D	R	G	L	S	I	B	I
J	Z	B	R	U	R	F	D	W	V

TEACHER

ครู

FISHING

ประมง

Wednesday

WEDNESDAY

วันพุธ

TRIANGLE

สามเหลี่ยม

Can you circle the hidden words?

S	A	L	A	D	E	B	B	V	S
P	E	R	K	E	B	A	B	K	G
G	R	A	P	E	W	D	L	M	R
Q	L	L	L	S	I	B	X	I	G
W	R	I	T	E	R	O	D	K	F
F	P	Z	S	E	G	X	O	G	L
D	T	K	L	K	K	K	K	F	X
M	V	V	J	Z	E	O	E	S	Q
T	J	N	C	A	I	E	V	X	I
A	C	K	U	S	V	W	H	V	V

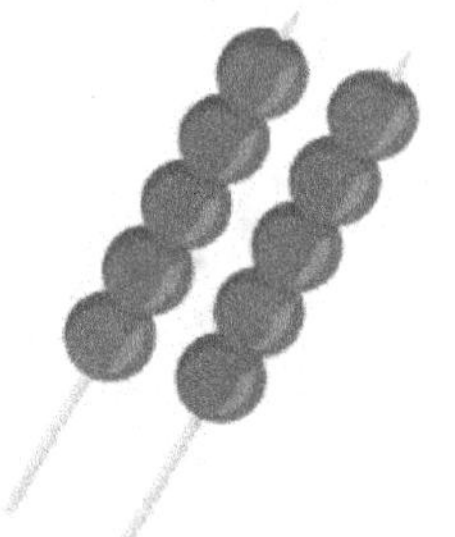

KEBAB

เคบับ

WRITER

นักเขียน

SALAD

สลัด

GRAPE

องุ่น

Can you circle the hidden words?

```
D  S  T  R  A  I  N  E  R  X
P  I  N  E  A  P  P  L  E  H
S  P  U  C  Z  U  V  P  I  X
Z  L  N  B  Y  A  O  Q  N  P
B  A  P  R  I  C  O  T  T  A
X  Y  F  N  H  X  F  S  Y  C
A  U  D  Y  S  A  L  T  B  H
Z  X  M  U  C  D  O  A  U  M
Y  F  T  O  H  M  T  S  Q  C
B  R  D  L  C  Y  A  U  W  V
```

PINEAPPLE

สับปะรด

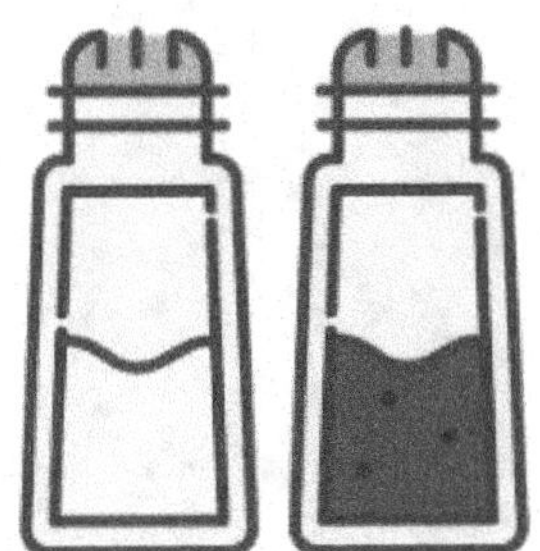

SALT

เกลือ

STRAINER

เครื่องกรองน้ำ

APRICOT

แอปริคอท

Can you circle the hidden words?

```
J  N  U  Z  C  W  P  M  M  Q
M  V  U  K  J  A  U  R  L  J
X  H  L  N  Z  T  J  B  Y  Y
Q  B  A  C  K  W  R  H  S  V
J  F  U  D  N  W  K  B  A  Z
Q  C  U  P  B  O  A  R  D  S
B  B  B  P  F  I  G  H  T  B
E  K  S  Y  W  L  B  V  B  I
R  X  K  W  Y  B  Y  M  X  W
T  H  R  O  W  A  W  A  Y  H
```

CUPBOARD

ตู้

THROW AWAY

ทิ้ง

BACK

กลับ

FIGHT

สู้

Can you circle the hidden words?

N	M	M	P	F	K	L	M	R	H
M	H	U	S	E	S	I	N	G	Z
A	N	W	Q	Y	V	H	A	T	Q
P	A	J	A	M	A	S	Y	U	A
M	O	D	L	F	F	H	I	A	X
J	T	R	I	X	Y	B	B	F	S
L	B	U	Z	E	F	L	Y	Z	S
X	C	L	E	A	N	S	E	R	W
Z	U	G	R	Z	X	Q	K	P	M
I	L	T	E	G	R	H	Z	A	T

PAJAMAS

เสื้อกางเกงนอน

HAT

หมวก

CLEANSER

น้ำยาทำความสะอาด

SING

ร้องเพลง

Can you circle the hidden words?

H	V	V	F	D	F	H	F	S	T
P	Y	Q	V	D	O	R	B	C	A
V	O	P	E	N	D	U	V	A	F
G	E	P	A	H	H	Y	E	D	A
M	O	N	D	A	Y	K	V	F	A
S	V	C	O	O	L	W	J	U	Y
Q	N	E	X	M	U	L	C	M	P
N	Y	R	T	C	G	Q	U	Q	J
Y	O	G	U	R	T	Z	T	F	Z
L	H	Q	G	Z	O	X	D	O	X

Monday

YOGURT	OPEN	COOL	MONDAY
โยเกิร์ต	เปิด	เย็น	วันจันทร์

Can you circle the hidden words?

Z	O	L	T	M	D	F	L	D	V
T	L	L	C	O	L	O	G	Y	Y
L	P	I	E	T	Z	P	Q	J	Z
I	Z	N	Q	B	A	C	O	F	E
K	D	F	I	N	G	E	R	S	P
B	W	T	R	T	N	M	V	X	N
G	U	T	F	B	S	T	A	R	U
P	E	N	O	J	I	L	M	E	W
V	E	N	K	P	A	N	T	S	M
F	L	R	E	Q	H	R	V	G	X

ANT

มด

STAR

ดาว

PEN

ปากกา

FINGERS

นิ้วมือ

Can you circle the hidden words?

T	P	H	K	O	Q	F	U	I	C
R	M	S	W	A	G	N	S	C	X
K	N	N	C	R	U	U	L	O	I
T	E	N	P	A	G	Y	H	L	M
H	A	G	F	A	F	R	Y	W	W
N	N	D	D	J	T	A	B	A	N
H	Z	W	X	S	T	E	A	M	R
B	A	R	R	O	W	P	Y	T	B
W	L	H	U	W	O	V	A	E	V
F	L	O	O	R	L	A	M	P	U

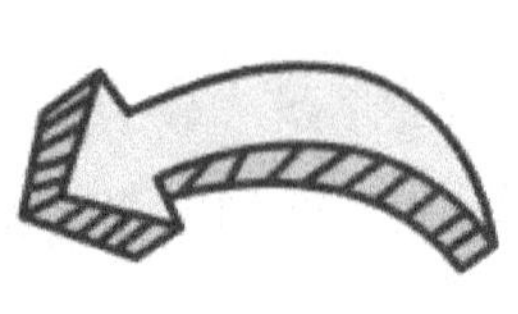

ARROW

ลูกศร

STEAM

นึ่ง

FRY

ทอด

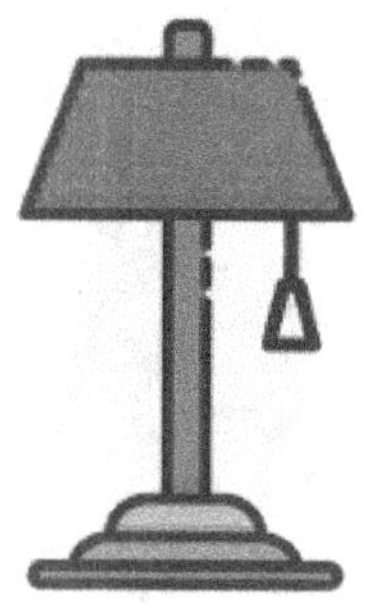

FLOOR LAMP

โคมไฟตั้งพื้น

Can you circle the hidden words?

```
F  H  X  M  J  P  C  D  Q  A
X  P  S  H  R  I  M  P  E  Y
U  X  J  X  V  X  Z  U  C  E
Y  J  C  U  O  T  M  W  R  O
S  F  I  F  T  E  E  N  X  B
C  R  P  O  Y  I  W  I  T  D
O  N  I  O  N  O  A  T  P  W
T  S  N  R  A  D  I  S  H  P
A  A  E  W  T  Y  W  K  X  Z
X  Q  B  V  Y  T  K  R  E  K
```

SHRIMP

กุ้ง

ONION

หัวหอม

RADISH

หัวไชเท้า

FIFTEEN

สิบห้า

Can you circle the hidden words?

R	K	N	Z	L	J	J	M	Y	Q
Y	L	V	B	P	J	Q	P	Z	V
S	H	Y	V	I	M	I	L	K	H
T	W	O	B	U	Y	W	O	Y	N
J	E	N	D	T	A	B	L	E	X
M	Q	A	L	E	G	S	B	C	W
T	T	Z	D	T	G	H	W	A	A
P	Y	P	H	S	J	Q	H	R	P
F	B	Y	J	F	H	I	B	A	T
T	M	U	I	Z	K	R	J	U	E

MILK

นม

LEGS

ขา

END TABLE

โต๊ะข้างๆ

BUY

ซื้อ

Can you circle the hidden words?

```
T  H  U  R  S  D  A  Y  V  Z
V  X  I  N  R  B  L  L  Z  Q
Q  S  L  A  C  K  S  Q  C  P
B  T  G  K  B  B  O  A  T  Q
F  L  F  X  D  L  R  L  S  U
G  H  Y  E  A  L  A  P  I  T
A  C  X  M  N  Y  M  P  Y  J
T  E  L  E  P  H  O  N  E  R
M  E  O  X  R  C  M  M  O  D
N  I  Z  Y  R  E  W  H  E  G
```

Thursday

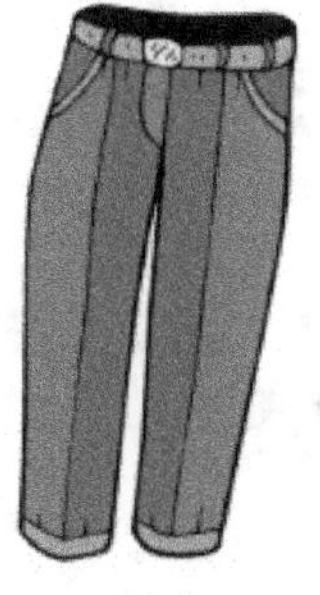

TELEPHONE	THURSDAY	SLACKS	BOAT
โทรศัพท์	วันพฤหัสบดี	กางเกงทรงหลวม	เรือ

Can you circle the hidden words?

```
E  N  Q  E  H  Y  C  U  R  U
G  S  J  Y  E  K  I  S  S  N
E  I  P  D  N  F  J  Y  D  S
E  Y  O  A  Y  I  B  R  C  L
H  W  R  F  N  A  F  Y  U  M
T  E  L  E  V  I  S  I  O  N
P  I  X  I  B  X  P  X  S  D
A  K  K  H  Y  Z  W  X  T  X
S  F  L  O  R  I  S  T  O  G
K  L  J  B  U  C  K  E  T  F
```

FLORIST

คนขายดอกไม้

TELEVISION

โทรทัศน์

KISS

จูบ

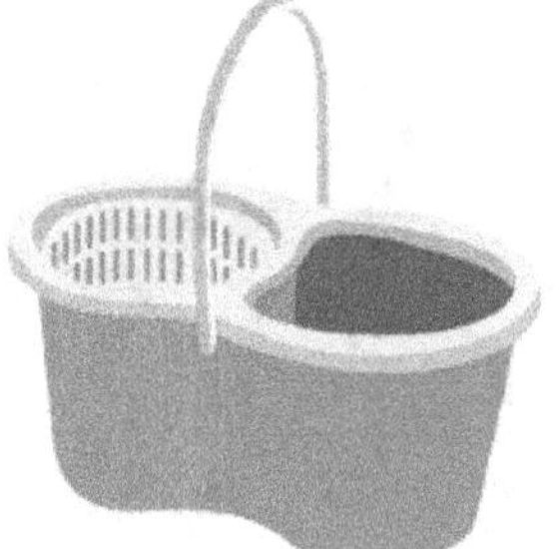

BUCKET

ถัง

Can you circle the hidden words?

```
V  B  A  T  H  T  O  Y  S  C
C  O  T  T  O  N  B  U  D  L
S  K  A  M  X  C  M  S  S  U
A  F  I  F  T  E  E  N  F  Z
E  S  S  P  V  P  Q  A  D  E
I  S  H  Z  E  M  S  B  H  H
A  A  F  S  O  Z  X  P  Q  O
G  F  B  M  U  B  T  L  E  P
Z  D  F  Z  A  J  J  U  F  E
G  L  O  V  E  S  S  B  R  H
```

FIFTEEN

สิบห้า

COTTON BUD

ที่แคะหู

GLOVES

ถุงมือ

BATH TOYS

ของเล่นในห้องน้ำ

Can you circle the hidden words?

Q	I	J	O	D	Q	Z	P	C	R
S	T	J	P	Q	M	H	M	H	I
W	J	Q	U	M	J	S	Q	Y	Y
Z	Y	G	P	A	I	N	T	P	S
C	S	C	H	I	C	K	E	N	G
L	N	K	J	R	J	I	J	F	T
M	T	M	W	W	A	E	J	D	K
Q	H	X	A	C	I	P	C	O	G
N	D	F	L	L	B	A	K	E	B
K	U	X	T	H	R	O	A	T	N

CHICKEN

ไก่

THROAT

ลำคอ

PAINT

ระบายสี

BAKE

อบ

Can you circle the hidden words?

E	K	X	X	R	J	G	C	N	R
P	U	D	P	A	N	D	A	T	G
L	U	G	Y	N	X	S	M	J	G
K	A	F	F	D	O	G	G	Y	X
D	B	A	C	K	P	A	C	K	N
M	D	Q	W	W	N	Z	A	G	U
T	C	V	O	V	V	U	P	U	K
X	M	O	M	I	Q	J	B	R	K
R	V	N	V	W	W	I	J	W	G
U	N	D	E	R	S	H	I	R	T

PANDA

หมีแพนด้า

UNDERSHIRT

เสื้อกล้าม

BACKPACK

กระเป๋าเป้

DOG

หมา

Can you circle the hidden words?

M	A	P	L	L	J	O	U	D	M
F	S	W	O	V	Z	K	Y	U	V
V	U	D	W	O	Z	D	X	F	Z
A	C	C	O	U	N	T	A	N	T
H	C	R	K	A	C	T	O	R	B
E	C	M	X	R	G	O	A	T	L
U	Z	R	O	M	Q	Q	X	F	B
A	L	U	E	M	N	U	A	V	T
T	G	K	E	X	R	T	K	L	G
D	E	S	V	B	R	O	W	N	D

BROWN

สีน้ำตาล

ACCOUNTANT

นักบัญชี

ACTOR

นักแสดงชาย

GOAT

แพะ

Can you circle the hidden words?

Z	O	L	F	F	X	G	I	L	R
D	L	V	I	X	S	E	G	L	R
W	N	G	K	D	I	S	H	V	Z
X	T	H	B	P	Y	X	U	X	M
P	S	L	N	U	U	Q	R	Z	A
Q	I	C	C	J	T	D	G	C	S
K	B	R	O	C	C	O	L	I	O
I	H	U	I	O	F	O	R	K	P
H	G	S	N	A	K	E	D	R	Q
Y	C	B	O	K	U	F	L	K	B

DISH

จาน

FORK

ส้อม

BROCCOLI

บร็อคโคลี

SNAKE

งู

Can you circle the hidden words?

K	Y	F	P	M	C	L	H	A	R
W	H	H	H	H	C	D	L	T	J
K	D	I	N	O	S	A	U	R	T
Q	D	V	N	D	Q	N	S	I	V
H	X	S	O	S	P	Y	O	E	G
J	D	N	D	K	D	U	D	A	P
T	M	L	X	H	G	O	A	T	X
Y	J	Q	E	R	G	U	K	P	N
N	V	B	C	F	L	M	A	P	T
I	D	K	P	A	N	D	A	G	G

GOAT

แพะ

PANDA

หมีแพนด้า

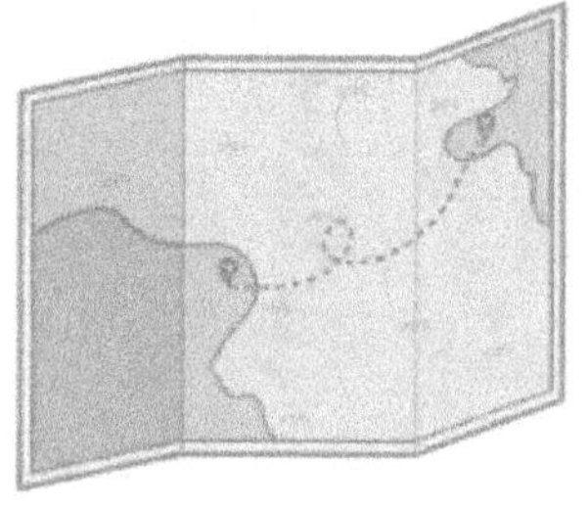

MAP

แผนที่

DINOSAUR

ไดโนเสาร์

Can you circle the hidden words?

D	R	I	G	W	C	W	D	X	P
I	E	Z	J	Y	F	E	K	M	K
R	F	I	F	T	E	E	N	V	T
K	G	A	G	A	F	H	B	G	K
Q	K	H	E	K	H	L	Q	L	S
L	R	S	S	E	R	O	K	Q	K
S	S	S	Z	A	E	O	K	K	I
W	S	L	E	E	P	L	A	O	R
C	L	A	P	K	F	D	J	M	D
C	A	L	C	U	L	A	T	O	R

FIFTEEN

สิบห้า

CLAP

ตบมือ

SLEEP

นอน

CALCULATOR

เครื่องคิดเลข

Can you circle the hidden words?

R	Z	Q	L	K	E	V	W	J	T
C	L	E	A	N	S	E	R	X	K
H	S	K	U	D	L	E	Y	I	B
U	N	D	E	R	S	H	I	R	T
X	S	T	O	M	A	C	H	R	O
Q	T	Y	Q	F	E	W	O	E	A
I	S	R	B	L	H	L	H	Q	T
Y	K	J	R	C	Q	L	G	H	Q
T	C	Q	O	J	S	Z	C	G	B
R	P	N	R	R	U	G	B	Y	P

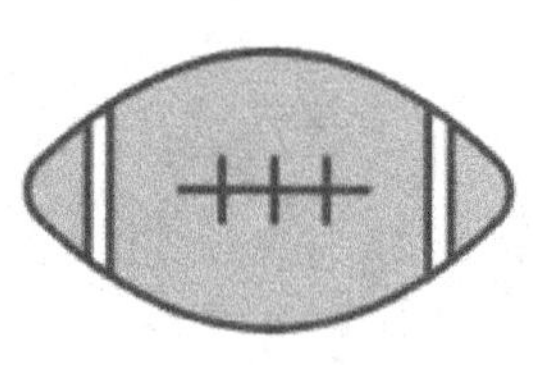

RUGBY

รักบี้

CLEANSER

น้ำยาทำความสะอาด

STOMACH

ท้อง

UNDERSHIRT

เสื้อกล้าม

Can you circle the hidden words?

G	B	C	B	J	N	C	O	Q	Q
U	M	B	R	E	L	L	A	N	E
W	V	E	V	F	I	S	H	V	R
S	E	W	U	U	V	Y	A	Z	E
T	J	J	A	W	R	V	W	K	W
L	K	J	Y	R	Y	D	K	J	L
C	G	V	G	S	O	N	F	U	H
K	E	Z	U	I	H	R	T	X	I
O	I	D	G	G	L	I	O	N	T
Q	R	K	W	D	X	E	S	T	F

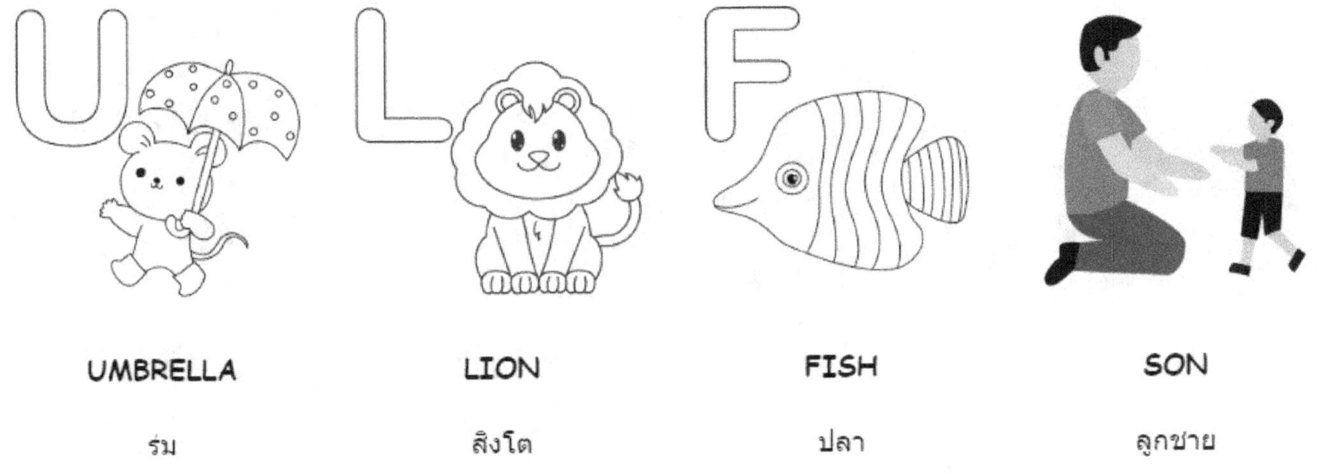

UMBRELLA	LION	FISH	SON
ร่ม	สิงโต	ปลา	ลูกชาย

Can you circle the hidden words?

I	M	X	E	G	O	D	W	N	S
C	O	T	T	O	N	B	U	D	F
B	A	D	M	I	N	T	O	N	G
M	O	T	O	R	C	Y	C	L	E
R	C	E	V	W	O	Q	H	X	R
P	E	K	I	Y	T	W	F	A	M
N	X	R	I	D	N	M	X	A	Q
C	L	K	I	X	I	G	D	D	G
S	C	A	M	E	L	B	U	F	O
R	R	H	O	A	R	V	O	K	B

MOTORCYCLE

รถจักรยานยนต์

CAMEL

อูฐ

COTTON BUD

ที่แคะหู

BADMINTON

แบดมินตัน

Can you circle the hidden words?

```
H  S  U  N  D  A  Y  X  K  Z
L  Y  Z  Z  W  J  W  W  N  Q
G  W  U  R  U  V  E  Z  Z  G
J  T  T  Q  T  Z  U  B  W  L
M  H  R  S  T  X  F  D  K  L
S  J  W  F  E  X  Z  I  Y  I
I  V  E  B  S  O  N  J  E  W
M  Z  A  W  A  R  M  G  U  N
O  C  X  N  P  P  H  E  Y  D
L  H  A  T  S  T  A  N  D  Z
```

Sunday

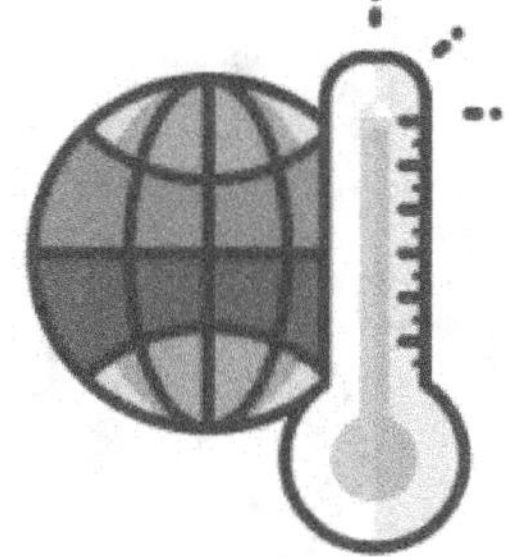

HAT STAND

ที่แขวนหมวก

SUNDAY

วันอาทิตย์

SON

ลูกชาย

WARM

อบอุ่น

Can you circle the hidden words?


```
U  G  R  M  C  V  A  J  I  F
M  U  F  F  I  N  Q  B  G  K
P  T  J  W  T  P  I  V  Z  K
O  N  X  X  I  Q  V  W  H  Z
D  D  Q  W  D  Y  Y  A  D  A
S  S  C  I  S  S  O  R  S  O
U  L  C  H  V  A  O  Y  O  C
U  O  N  M  G  N  D  K  O  V
I  O  T  T  R  A  I  N  P  M
N  S  O  F  A  F  A  D  B  P
```

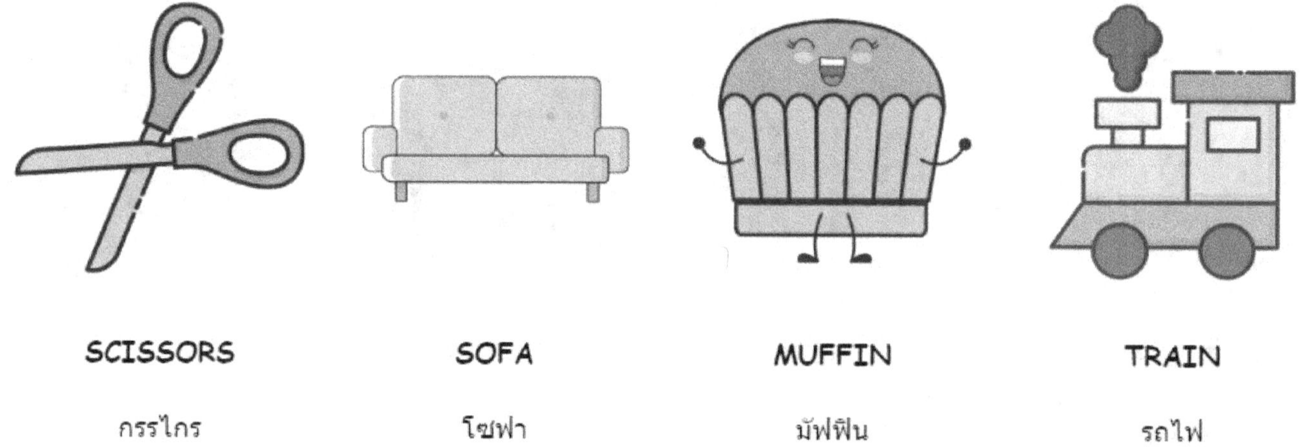

SCISSORS	SOFA	MUFFIN	TRAIN
กรรไกร	โซฟา	มัฟฟิน	รถไฟ

Can you circle the hidden words?

G	R	P	E	N	C	I	L	X	Y
M	A	T	J	L	S	S	G	K	N
M	U	K	E	G	G	T	D	M	Z
C	U	S	H	I	O	N	D	V	E
K	M	B	I	Z	V	K	R	A	A
M	E	M	Z	S	W	Z	W	J	G
D	K	O	Y	A	V	W	S	K	T
F	F	Q	C	H	X	W	B	V	C
R	H	A	T	S	T	A	N	D	R
C	J	P	X	P	K	D	O	P	F

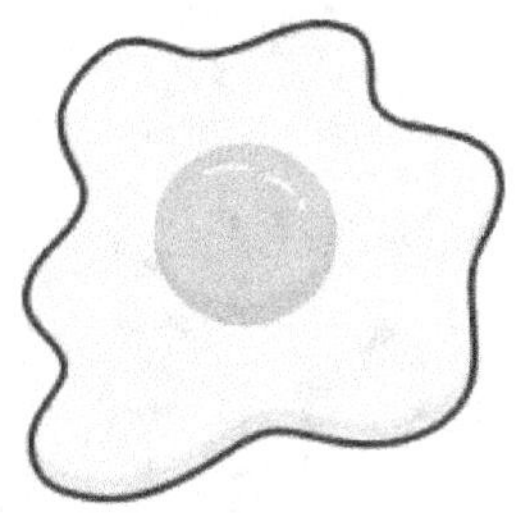

EGG

ไข่

HAT STAND

ที่แขวนหมวก

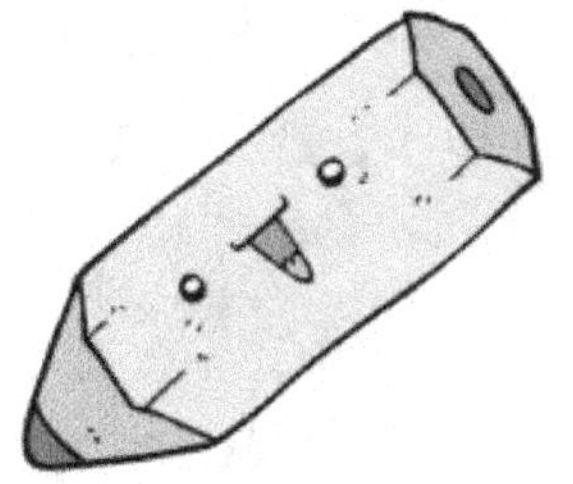

PENCIL

ดินสอ

CUSHION

หมอนอิง

Can you circle the hidden words?

W	N	J	R	J	J	B	Y	M	O
U	L	P	C	F	X	Q	S	F	A
P	K	H	V	H	F	F	T	Y	Y
V	N	E	P	H	E	W	M	C	J
T	O	O	T	H	B	R	U	S	H
X	J	V	P	C	B	Y	I	I	N
A	P	H	J	P	J	Z	B	H	H
O	J	M	O	N	K	E	Y	E	V
H	Q	T	H	C	P	F	U	Q	L
C	O	A	T	Z	C	E	R	X	J

NEPHEW

หลานชาย

MONKEY

ลิง

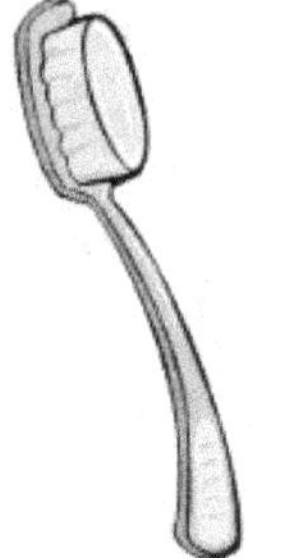

TOOTHBRUSH

แปรงสีฟัน

COAT

เสื้อโค้ท

Can you circle the hidden words?

```
H  I  F  V  T  K  N  W  K  U
H  G  I  R  A  F  F  E  U  K
H  S  F  J  R  N  R  B  K  V
O  X  H  M  Y  U  M  H  P  D
P  T  J  E  A  N  S  S  H  P
C  S  R  X  L  E  G  S  W  U
A  Z  I  G  Q  D  T  C  A  R
L  Q  R  V  F  M  I  L  K  I
K  U  X  B  Z  F  R  G  Y  H
U  D  E  U  I  R  E  G  U  K
```

MILK

นม

GIRAFFE

ยีราฟ

JEANS

กางเกงยีนส์

LEGS

ขา

Can you circle the hidden words?

G	D	Q	B	C	O	M	J	L	G
W	M	R	B	P	I	T	Y	P	J
M	T	U	E	S	D	A	Y	B	Z
K	V	L	P	I	G	D	X	Q	W
R	N	V	X	N	F	A	P	U	T
W	U	P	M	C	A	F	V	O	K
W	D	F	C	Z	G	G	V	C	H
O	Y	G	O	W	I	M	F	Y	O
V	R	S	I	S	T	E	R	R	N
I	H	P	E	P	P	E	R	Q	K

SISTER

น้องสาว

PIG

หมู

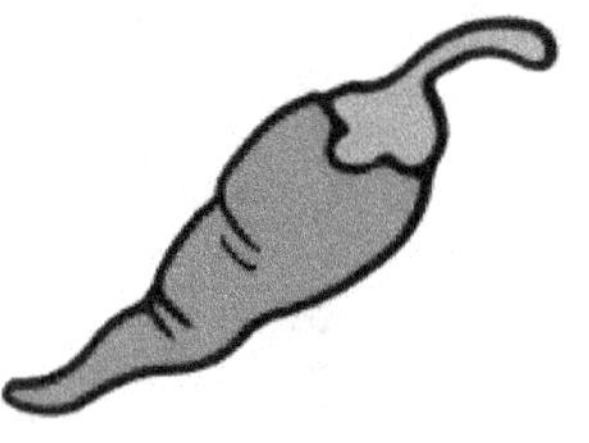

PEPPER

พริกไทย

Tuesday

TUESDAY

วันอังคาร

Can you circle the hidden words?

E	J	E	R	V	B	H	B	J	S
S	O	G	B	E	L	O	K	Y	N
I	N	D	I	H	F	C	W	T	Q
Q	O	D	Q	S	K	I	W	W	X
C	L	E	A	N	S	E	R	S	Y
S	U	F	A	U	C	E	T	S	N
I	F	R	T	M	W	P	L	X	Z
M	P	N	V	P	W	Q	O	R	H
T	A	N	G	E	R	I	N	E	R
A	M	K	Z	K	Y	V	E	V	V

FAUCET

ก๊อกน้ำ

TANGERINE

ส้มเขียวหวาน

SKI

สกี

CLEANSER

น้ำยาทำความสะอาด

Can you circle the hidden words?

J	T	V	G	M	V	X	C	L	H
E	G	G	P	L	A	N	T	L	U
F	I	S	H	G	O	L	W	M	I
G	G	Y	D	M	J	S	S	W	D
J	H	N	G	E	Z	V	O	T	H
B	C	F	C	L	S	X	B	U	B
C	E	L	E	R	Y	F	T	W	Y
H	F	I	S	H	V	R	Q	K	K
P	E	S	O	S	A	W	A	N	Q
M	B	A	T	M	K	F	Y	T	J

EGGPLANT

มะเขือ

CELERY

ผักชีฝรั่ง

FISH

ปลา

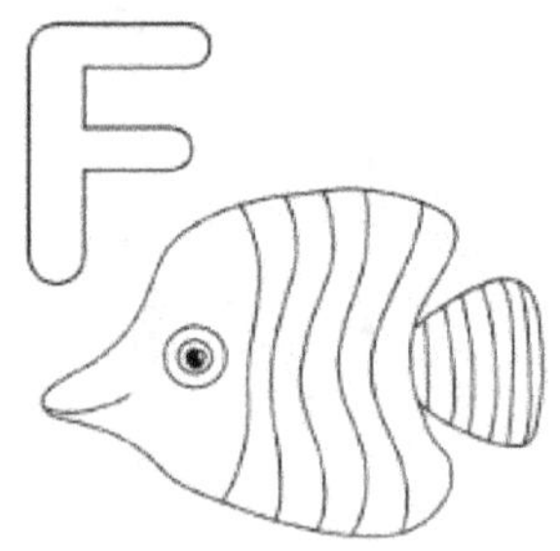

FISH

ปลา

Can you circle the hidden words?

K	H	C	P	K	T	Z	A	T	N
Q	W	J	P	T	Y	Y	W	C	N
I	C	A	I	E	O	W	D	V	N
Y	C	M	D	I	G	R	O	O	W
M	O	U	T	H	W	A	S	H	P
C	R	A	T	T	L	E	U	Y	O
D	I	X	Q	H	D	D	T	M	X
H	A	Z	Q	W	H	C	L	W	T
K	N	L	J	F	X	K	T	K	K
C	A	B	I	N	E	T	C	T	T

RATTLE

เครื่องเขย่ามือ

MOUTHWASH

น้ำยาบ้วนปาก

DIG

ขุด

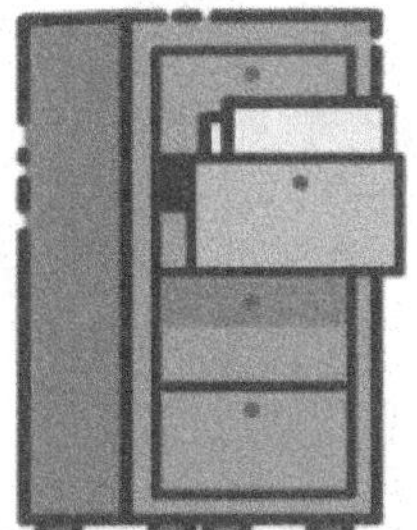

CABINET

ตู้

Can you circle the hidden words?

```
R  N  I  N  E  T  E  E  N  Y
D  T  P  E  N  B  I  Q  Y  C
W  J  R  R  B  E  L  I  R  W
G  M  O  P  S  L  R  H  U  T
E  J  Z  P  E  O  Y  B  R  E
B  R  V  T  W  R  O  Y  M  U
I  Q  A  M  D  I  H  W  E  T
V  S  H  O  O  T  I  N  G  R
Q  C  M  V  Q  U  E  E  N  V
R  P  O  M  S  B  F  H  D  B
```

QUEEN

พระราชินี

MOPS

ไม้ถูพื้น

SHOOTING

ยิงปืน

NINETEEN

สิบเก้า

Can you circle the hidden words?

Z	C	I	N	M	F	S	W	N	A
E	L	E	V	E	N	F	I	U	R
A	E	Y	E	B	R	O	W	S	O
G	D	I	S	H	O	G	U	V	P
S	B	Q	P	I	X	U	N	H	D
T	X	Z	G	U	X	X	P	M	R
B	M	J	B	A	T	B	N	L	H
Q	B	T	A	A	H	U	A	D	A
R	O	M	U	G	D	E	Q	Z	B
L	E	T	T	U	C	E	G	K	C

EYEBROWS

คิ้ว

ELEVEN

สิบเอ็ด

LETTUCE

ผักกาดหอม

DISH

จาน

Can you circle the hidden words?

E	G	G	A	B	U	Y	G	P	E
T	S	F	E	N	C	I	N	G	B
A	J	E	A	N	S	J	Q	N	R
Q	I	D	Q	A	J	E	E	K	U
L	G	Q	T	I	E	L	O	E	R
N	N	J	Z	L	R	F	Q	E	M
X	K	L	A	B	V	A	T	T	K
D	P	Q	S	W	T	F	R	N	S
J	N	A	Y	Q	E	V	S	K	D
N	G	V	P	A	I	M	N	K	U

JEANS

กางเกงยีนส์

FENCING

ฟันดาบ

BUY

ซื้อ

TIE

เนคไท

Can you circle the hidden words?

I	A	J	W	G	A	G	D	F	V
K	E	J	Z	O	R	P	X	S	W
F	T	T	W	H	K	O	E	M	C
W	Z	R	H	J	R	B	U	O	X
A	A	R	A	M	P	T	E	J	B
W	S	C	A	L	E	X	T	N	E
S	C	R	A	M	B	L	E	A	D
L	T	I	G	I	N	K	S	Y	W
S	I	M	M	E	R	D	B	P	Y
U	N	D	E	R	S	H	I	R	T

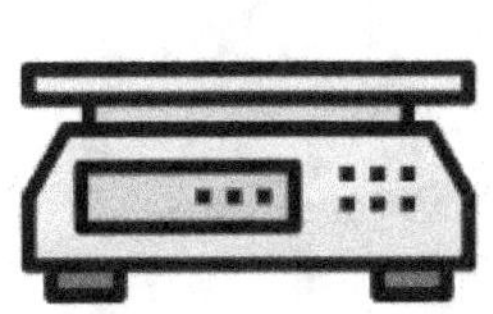

SCALE

ขนาด

UNDERSHIRT

เสื้อกล้าม

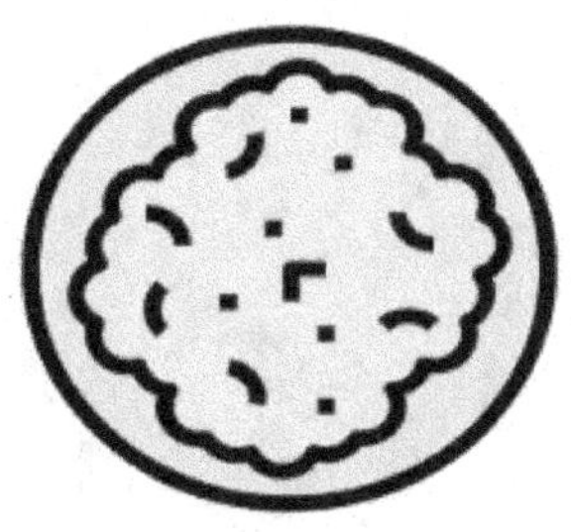

SCRAMBLE

คน (V)

SIMMER

หลน

Can you circle the hidden words?

J	H	R	N	F	X	U	O	P	C
M	X	S	L	Q	K	I	S	S	L
B	A	P	R	I	C	O	T	P	S
L	V	L	Z	Z	A	P	J	W	W
Y	K	V	W	N	N	Y	F	E	F
N	W	I	N	T	V	V	U	G	R
W	Z	D	W	N	P	R	L	G	G
E	F	S	P	O	O	N	N	Z	V
C	A	L	E	N	D	A	R	Y	V
Y	A	W	M	F	V	A	U	P	Z

SPOON

ช้อน

CALENDAR

ปฏิทิน

APRICOT

แอปริคอท

KISS

จูบ

Can you circle the hidden words?

I	F	E	E	A	R	S	C	I	Z
C	E	B	J	Y	P	A	B	V	N
W	M	I	P	K	B	E	E	R	G
W	I	K	R	S	R	B	P	M	L
D	Y	D	L	Q	Q	H	N	U	K
Y	Q	S	R	E	F	Q	H	W	B
W	K	N	I	F	E	M	D	A	Y
K	O	V	Q	M	E	P	Q	D	L
D	A	U	G	H	T	E	R	B	Q
K	U	I	D	H	U	R	V	H	R

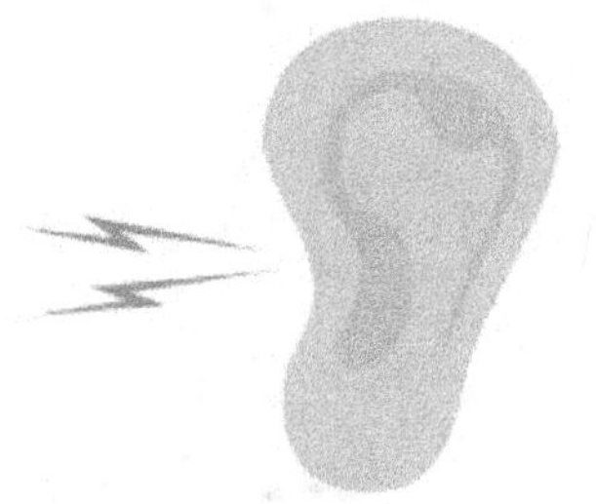

EARS

หู

BEER

เบียร์

KNIFE

มีด

DAUGHTER

ลูกสาว

Can you circle the hidden words?

```
Y  E  Z  D  U  R  O  F  Y  P
Q  E  S  F  C  Z  Z  K  T  O
X  H  S  T  S  I  N  K  S  I
O  I  D  O  N  U  T  R  I  X
Q  P  O  G  A  A  R  L  T  Y
R  H  N  C  X  C  L  A  P  S
D  R  O  N  R  O  A  S  T  C
F  O  X  Z  C  V  Q  F  F  Q
B  O  L  J  T  V  C  Y  T  R
Z  I  I  P  T  K  G  N  R  P
```

CLAP

ตบมือ

SINKS

อ่างล้างมือ

DONUT

โดนัท

ROAST

ย่าง

Can you circle the hidden words?

L	Y	S	U	G	R	G	J	M	Q
D	H	Z	D	O	N	U	T	I	X
M	L	X	W	H	I	H	S	B	M
O	K	X	R	Q	K	Z	X	H	L
Q	W	V	D	C	Q	V	O	S	K
Q	Y	Y	K	L	A	S	D	B	J
P	H	A	R	M	A	C	I	S	T
R	E	M	O	T	E	Y	Y	V	O
G	C	L	O	U	D	Y	N	T	I
P	W	I	P	H	L	D	B	E	T

CLOUDY

มีเมฆมาก

PHARMACIST

เภสัชกร

DONUT

โดนัท

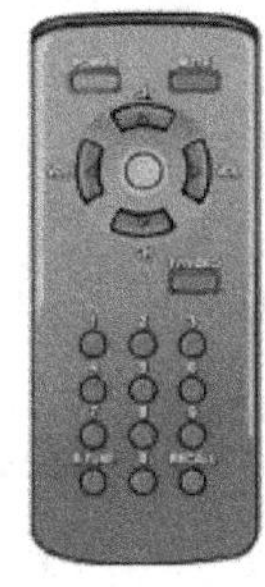

REMOTE

รีโมท

Can you circle the hidden words?

L	A	L	B	E	L	L	O	L	O
S	T	D	T	W	T	O	Y	N	T
X	P	A	J	Q	Z	G	U	C	D
G	Y	N	A	J	M	Q	S	A	K
N	L	O	B	S	T	E	R	K	N
O	X	Z	U	I	H	M	R	O	T
V	L	A	O	R	T	A	U	O	F
O	K	N	I	F	E	M	F	J	J
H	G	L	E	Y	E	N	T	C	Z
Q	R	M	X	M	U	O	O	X	X

BELL

กระดิ่ง

LOBSTER

ลอบสเตอร์

TOY

ของเล่น

KNIFE

มีด

Can you circle the hidden words?

K	Y	E	U	R	W	Q	D	I	I
S	T	E	N	W	V	X	C	L	M
U	B	A	J	U	D	G	E	X	W
W	W	J	C	F	K	N	K	M	V
P	O	V	L	N	Z	U	Q	I	K
O	K	P	P	H	Y	G	D	U	V
Y	N	I	N	E	T	E	E	N	K
S	L	A	C	K	S	S	C	P	X
O	F	S	F	W	N	D	K	U	F
K	A	A	C	Z	E	W	Q	D	S

SLACKS	TEN	JUDGE	NINETEEN
กางเกงทรงหลวม	สิบ	ผู้พิพากษา	สิบเก้า

Can you circle the hidden words?

A	S	L	E	H	X	A	O	B	R
K	F	I	S	H	I	N	G	G	P
N	U	R	A	T	T	L	E	Q	W
F	C	G	F	X	H	G	Q	G	F
W	I	N	G	C	H	A	I	R	F
B	L	K	P	B	T	M	J	L	N
E	Q	F	V	G	J	M	P	G	L
N	F	O	O	T	T	L	F	R	G
M	I	A	S	E	O	F	W	D	G
B	Z	L	S	D	C	W	W	X	U

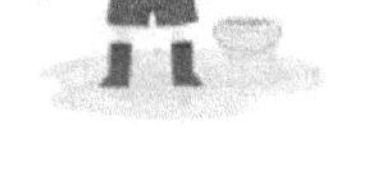

FISHING

ประมง

WING CHAIR

เก้าอี้มีแขน

RATTLE

เครื่องเขย่ามือ

FOOT

เท้า

Can you circle the hidden words?

B	E	A	R	H	A	S	K	A	P
G	O	L	F	Y	E	A	L	V	V
O	J	S	S	Y	V	T	Q	T	P
U	C	U	J	J	C	R	P	T	A
V	B	D	A	N	C	E	P	F	T
B	Z	B	E	Y	E	S	I	M	D
R	C	N	W	R	Z	C	E	O	H
R	L	B	I	R	L	X	W	W	O
J	M	K	I	X	H	X	R	G	U
L	N	M	V	A	L	U	N	O	T

EYES

ตา

DANCE

เต้นรำ

GOLF

กอล์ฟ

BEAR

หมี

Can you circle the hidden words?

```
L  K  H  O  G  O  A  T  G  I
E  D  S  T  E  A  M  E  H  Z
G  M  M  B  N  Z  J  Y  F  V
F  K  Q  E  L  E  Z  Q  Z  Q
F  V  I  Y  B  X  D  P  A  R
K  E  A  J  L  A  I  Z  I  R
Y  G  S  Z  V  J  O  H  J  P
V  A  H  Y  W  H  I  T  E  C
G  H  R  C  Q  N  C  B  P  T
W  I  N  G  C  H  A  I  R  V
```

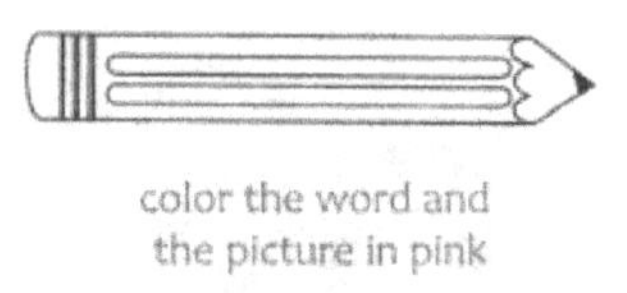

color the word and
the picture in pink

WHITE	STEAM	GOAT	WING CHAIR
ขาว	นึ่ง	แพะ	เก้าอี้มีแขน

Can you circle the hidden words?

S	M	O	O	T	H	I	E	W	X
U	S	S	F	J	G	O	M	H	R
I	Y	B	E	A	N	S	U	J	P
H	F	E	W	J	U	U	L	Y	C
G	T	R	Q	S	W	S	E	U	X
N	C	R	I	C	K	E	T	V	N
G	P	S	X	I	C	T	I	O	O
O	T	V	Q	G	F	F	Y	X	A
X	J	E	A	N	S	B	W	D	F
N	P	B	N	G	Q	X	B	C	N

CRICKET

จิ้งหรีด

JEANS

กางเกงยีนส์

SMOOTHIE

สมูทตี้

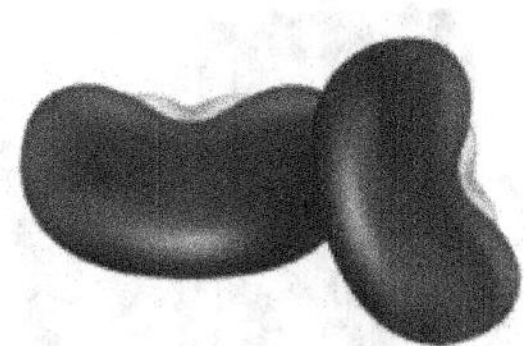

BEANS

ถั่ว

Can you circle the hidden words?

R	H	Q	L	C	D	S	M	D	L
G	G	B	P	S	S	E	M	N	O
H	G	G	B	D	V	A	W	L	V
Z	V	B	O	A	T	H	G	W	L
T	B	P	X	Z	F	M	B	Y	X
C	I	T	G	S	W	T	N	E	L
J	L	C	F	O	R	K	J	B	K
D	I	C	E	C	R	E	A	M	K
B	M	Z	R	H	P	F	Z	T	T
J	B	A	T	H	T	O	Y	S	V

BOAT

เรือ

BATH TOYS

ของเล่นในห้องน้ำ

ICE CREAM

ไอศครีม

FORK

ส้อม

Can you circle the hidden words?

E	I	G	H	T	B	T	Q	U	B
G	K	D	K	W	D	I	W	C	M
R	B	U	Y	V	N	B	J	J	U
E	I	G	H	T	E	E	N	L	T
B	X	W	A	T	Q	H	Q	N	Q
N	F	E	O	H	J	I	N	G	E
E	T	K	L	Q	A	B	U	N	P
A	G	I	T	K	O	L	Q	Y	R
W	I	X	F	C	Q	J	W	A	J
Y	O	G	U	R	T	G	T	S	Q

EIGHT

แปด

BUY

ซื้อ

EIGHTEEN

สิบแปด

YOGURT

โยเกิร์ต

Can you circle the hidden words?

```
V  M  R  C  P  A  R  W  I  X
B  Z  O  C  T  A  G  O  N  K
F  N  B  K  L  I  Q  M  W  W
E  P  D  N  U  V  B  K  A  U
U  Z  T  W  E  L  V  E  C  W
Y  M  U  O  J  X  S  N  X  B
S  C  R  Q  S  E  W  Q  H  I
N  Y  T  K  F  E  E  X  V  I
D  W  Y  H  O  O  Z  K  I  P
S  C  I  S  S  O  R  S  N  E
```

TWELVE

สิบสอง

OCTAGON

แปดเหลี่ยม

SEW

เย็บ

SCISSORS

กรรไกร

Can you circle the hidden words?

U	B	O	U	S	I	N	G	O	E
S	I	R	A	T	H	I	N	K	C
A	Y	X	T	L	P	T	Q	V	L
L	H	B	E	B	J	T	U	N	F
U	F	J	M	W	W	Q	I	R	N
R	O	A	S	T	N	P	L	G	T
S	L	E	Y	V	A	E	J	J	T
A	E	E	Y	E	S	R	J	F	E
O	E	Z	P	R	L	R	Z	I	Z
R	C	I	Z	D	K	U	U	G	L

ROAST

ย่าง

SING

ร้องเพลง

THINK

คิด

EYES

ตา

Can you circle the hidden words?

K	D	T	H	G	W	B	K	M	Q
D	L	X	O	S	E	C	X	K	D
U	D	A	S	C	G	R	W	X	S
V	I	I	M	J	K	Y	J	H	P
M	I	K	Z	C	F	U	J	X	M
D	G	R	A	N	D	S	O	N	K
O	S	E	A	F	O	O	D	B	K
P	U	P	P	Y	O	L	N	A	F
O	Z	C	Q	G	W	A	R	M	F
R	R	O	G	J	J	T	I	E	T

WARM

อบอุ่น

SEAFOOD

อาหารทะเล

PUPPY

ลูกสุนัข

GRANDSON

หลานชาย

Can you circle the hidden words?

L	Z	M	F	Z	Q	V	L	Z	L
M	B	M	S	Q	U	A	R	E	P
G	P	A	F	O	J	U	G	Q	F
P	J	O	P	I	N	H	X	P	E
K	P	S	Y	J	D	H	H	D	M
E	I	S	H	E	E	P	B	G	S
S	J	K	N	U	R	T	Z	I	R
W	A	T	E	R	M	E	L	O	N
H	S	H	Q	F	M	N	B	G	U
T	H	B	I	H	Z	M	K	Q	E

Square

SQUARE	SHEEP	JUG	WATERMELON
สี่เหลี่ยม	แกะ	เหยือก	แตงโม

Can you circle the hidden words?

J	C	Y	Q	R	O	Z	U	H	Q
Z	E	M	A	E	O	A	H	P	B
O	W	F	A	S	G	O	Z	Y	X
T	M	V	W	S	S	T	Q	P	U
N	L	B	F	R	J	W	J	U	U
E	I	R	Q	U	B	E	L	T	N
V	D	W	V	Z	J	C	L	Y	X
B	B	S	I	M	M	E	R	Z	K
I	I	D	E	E	R	I	L	B	K
H	S	V	R	R	A	I	N	Y	N

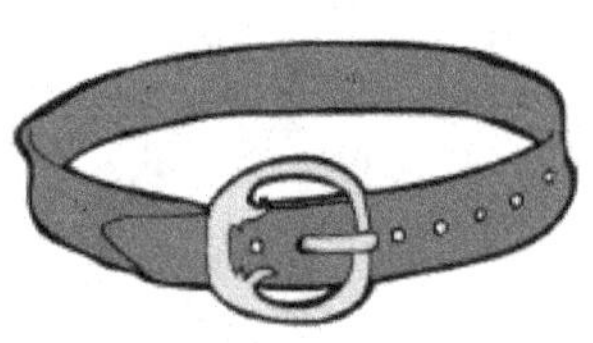

SIMMER	BELT	DEER	RAINY
หลน	เข็มขัด	กวาง	ฝนตก

Can you circle the hidden words?

```
E  Z  Y  D  Q  F  O  C  P  Z
M  M  H  L  Z  M  H  X  Q  O
V  S  M  T  A  B  L  E  T  G
W  L  T  T  E  E  T  H  S  Z
S  O  R  B  A  K  V  E  Q  E
O  E  A  T  M  L  D  O  S  K
L  E  U  W  D  D  H  V  B  Q
F  Q  B  C  U  J  Q  Z  Z  L
L  V  O  C  S  H  Y  A  I  J
J  L  C  P  A  N  D  A  M  N
```

EAT

กิน

TABLE

โต๊ะทำงาน

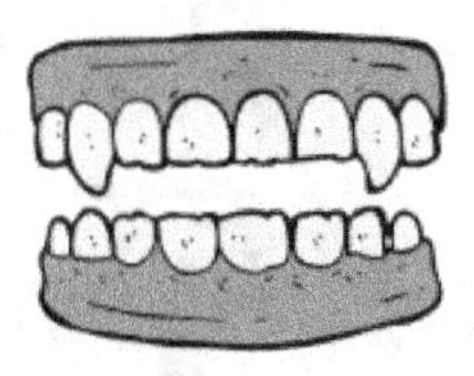

TEETH

ฟัน

PANDA

หมีแพนด้า

Can you circle the hidden words?

```
Z  Z  Y  Y  Q  H  R  C  V  D
R  O  Q  G  Z  K  H  K  I  W
M  F  L  B  O  L  X  K  N  T
W  Z  O  J  E  T  I  U  R  B
S  L  E  E  P  N  V  Q  S  T
S  U  B  J  H  Q  J  N  W  J
T  U  R  N  I  P  H  J  E  J
M  R  Z  B  Z  H  D  T  S  G
J  W  K  X  U  V  K  P  H  X
H  A  N  D  S  P  S  N  D  W
```

SLEEP

นอน

JET

เครื่องบินไอพ่น

TURNIP

หัวผักกาด

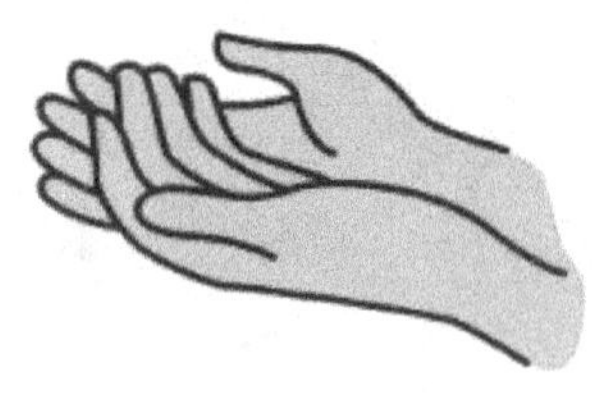

HANDS

มือ

Can you circle the hidden words?

C	W	M	H	U	C	B	U	Y	R
P	H	D	O	L	L	V	N	K	E
B	O	A	T	I	T	I	I	M	U
M	H	X	A	H	I	W	J	D	N
Q	G	F	D	S	V	S	K	W	P
H	A	Y	G	S	P	X	H	C	N
W	A	Y	L	X	Z	C	R	J	P
Q	C	M	W	D	R	E	S	S	F
N	H	T	L	P	V	F	R	V	G
D	R	I	Y	E	Q	N	D	Q	Q

DRESS

ชุด

BUY

ซื้อ

BOAT

เรือ

DOLL

ตุ๊กตา

Can you circle the hidden words?

B	D	C	L	L	S	P	K	F	L
L	T	U	R	N	O	F	F	D	Z
J	H	B	Z	O	T	I	J	Z	W
C	H	E	S	T	N	C	K	F	Z
Y	P	P	B	Q	B	J	O	U	S
A	Z	A	B	O	X	I	N	G	V
S	M	R	J	B	N	T	T	S	O
O	M	X	N	C	W	E	T	Z	L
J	S	Z	K	L	G	O	Y	G	B
F	K	N	E	E	S	C	U	V	H

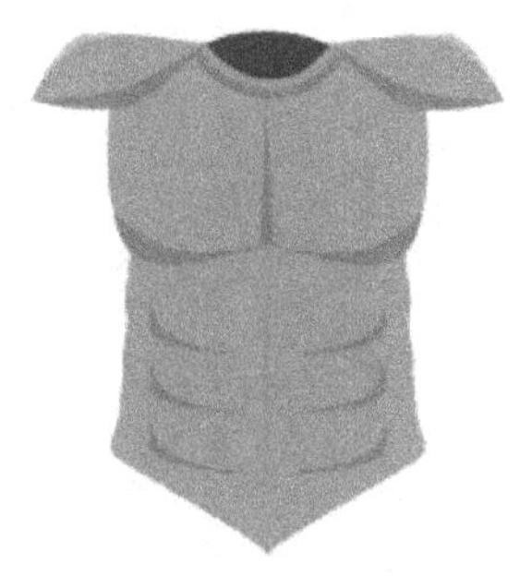

CHEST

หน้าอก

TURN OFF

ปิด

BOXING

มวย

KNEES

หัวเข่า

Can you circle the hidden words?

O	B	L	U	E	D	Q	Q	L	C
Q	I	K	T	O	L	G	N	C	N
J	A	P	L	X	U	F	I	O	Q
N	G	Y	I	Q	M	D	H	M	N
M	Q	V	W	M	Q	F	H	Y	N
K	Q	P	N	K	C	P	I	F	A
B	O	O	K	C	A	S	E	E	I
H	O	V	A	L	V	T	S	T	O
A	S	J	K	B	O	I	P	L	V
J	W	G	L	O	V	E	S	U	Y

color the word and
the picture in pink

BLUE

สีน้ำเงิน

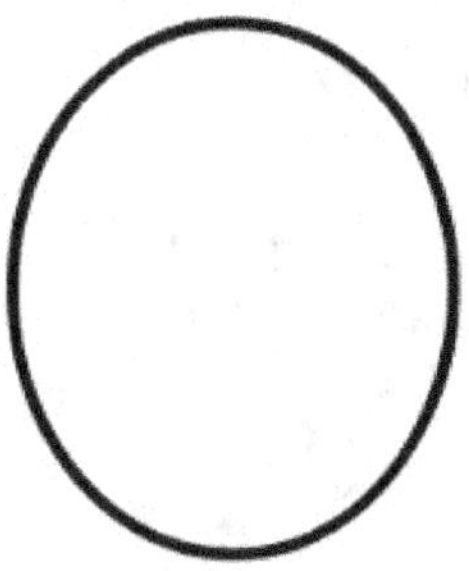

OVAL

รูปไข่

GLOVES

ถุงมือ

BOOKCASE

ตู้หนังสือ

Can you circle the hidden words?

F	K	L	Y	A	Y	X	P	Q	F
N	S	E	X	S	O	Q	W	M	W
P	I	P	Y	H	A	T	R	S	A
T	I	G	E	R	B	L	P	J	U
T	O	U	R	G	U	I	D	E	L
J	T	C	N	G	Z	R	S	C	I
E	C	B	A	N	A	N	A	J	D
W	E	P	A	T	Z	M	G	W	L
Q	D	K	E	Z	I	Y	I	D	U
H	I	Q	K	J	V	R	W	S	S

TOUR GUIDE

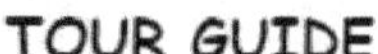

มัคคุเทศก์

TIGER

เสือ

BANANA

กล้วย

HAT

หมวก

Can you circle the hidden words?

N	B	G	P	I	A	H	U	X	Y
C	G	F	N	H	B	G	P	Y	R
L	L	S	U	N	E	G	H	Y	S
L	K	N	I	T	Z	K	S	K	K
X	W	K	P	I	H	X	D	D	N
W	W	N	M	C	L	O	C	K	S
L	T	W	T	U	H	U	G	N	N
N	T	Z	P	U	L	O	S	H	O
U	O	H	R	A	S	W	L	R	C
C	U	T	C	L	B	K	U	Q	M

CUT

ตัด

CLOCK

นาฬิกา

HUG

กอด

KNIT

ถัก

Can you circle the hidden words?

M	Y	L	R	G	U	G	A	O	N
U	I	O	N	V	J	N	C	U	Z
M	I	R	R	O	R	V	L	C	A
T	A	N	G	E	R	I	N	E	Q
G	G	E	T	W	E	L	V	E	K
Q	S	R	P	Z	E	Y	E	S	M
Z	P	Z	U	B	R	S	A	W	B
Y	L	C	K	D	R	O	W	U	F
E	Z	U	F	F	J	S	Z	G	Y
D	L	S	G	X	R	P	G	C	U

EYES

ตา

TWELVE

สิบสอง

MIRROR

กระจกเงา

TANGERINE

ส้มเขียวหวาน

Can you circle the hidden words?

U	W	F	E	N	C	I	N	G	A
E	Q	H	P	W	H	S	G	S	J
C	P	P	I	N	K	W	K	N	K
R	I	J	O	L	F	C	X	B	K
R	Y	V	G	B	C	L	A	P	L
S	T	I	M	N	E	R	B	E	N
L	D	L	Y	Z	M	J	J	U	T
I	F	S	C	Y	M	X	E	Q	W
Y	Z	V	W	D	E	F	P	S	L
W	A	T	C	H	T	V	U	T	T

FENCING

ฟันดาบ

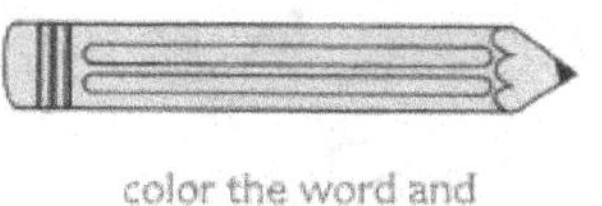

PINK

สีชมพู

WATCH TV

ดูโทรทัศน์

CLAP

ตบมือ

Can you circle the hidden words?

```
Q  Q  T  P  A  N  T  I  X  W
J  H  U  M  L  S  N  P  R  F
Q  F  X  T  C  B  N  R  U  Z
A  Z  G  R  I  L  L  U  H  X
H  X  K  S  E  S  X  I  T  U
W  H  A  N  D  S  E  O  K  C
H  S  N  L  W  R  Z  T  R  Y
R  A  S  P  B  E  R  R  Y  L
T  N  E  R  D  G  P  Z  L  W
P  V  W  P  I  L  L  O  W  B
```

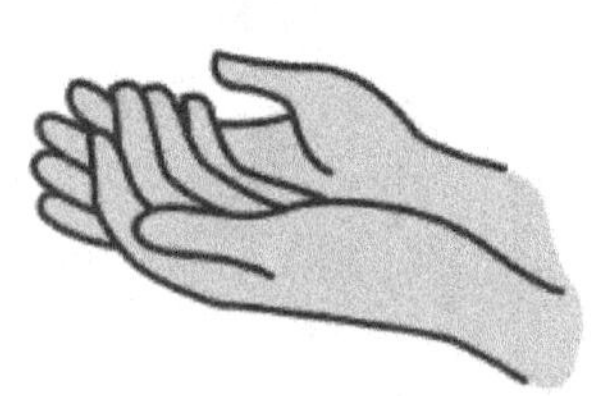

HANDS

มือ

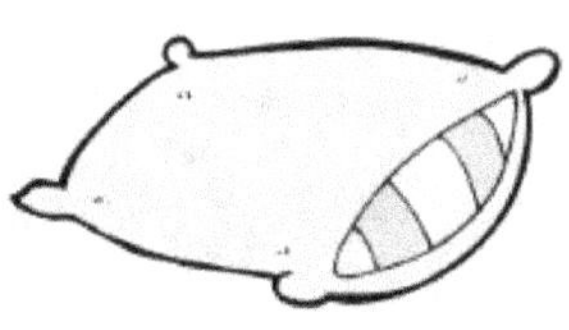

PILLOW

หมอน

RASPBERRY

ราสเบอร์รี่

GRILL

ย่าง

Can you circle the hidden words?

P	B	T	T	M	T	N	R	N	J
A	X	E	O	V	Z	H	P	S	G
G	R	A	P	E	F	R	U	I	T
P	I	G	H	F	I	U	V	L	K
S	K	D	A	P	X	O	Z	Q	W
C	A	N	O	P	E	N	E	R	J
G	Y	I	F	X	H	G	X	Y	G
U	M	I	R	R	O	R	S	A	D
V	Y	Y	S	E	Q	K	D	X	K
V	M	R	D	R	D	V	C	G	H

GRAPEFRUIT

เกรฟฟรุ๊ต

PIG

หมู

MIRROR

กระจกเงา

CAN OPENER

ที่เปิดกระป๋อง

Can you circle the hidden words?

V	P	X	C	O	J	E	U	V	T
F	M	I	R	O	P	Y	H	Q	D
T	E	L	E	V	I	S	I	O	N
R	Z	X	S	A	U	C	E	R	O
E	C	H	I	C	K	E	N	V	H
W	T	H	D	I	P	L	V	L	Z
Z	L	C	U	S	F	F	R	I	G
R	U	J	D	M	H	Q	G	K	X
E	G	V	A	B	A	C	K	M	C
J	K	T	Y	U	U	Z	U	T	A

CHICKEN

ไก่

TELEVISION

โทรทัศน์

SAUCER

จานรอง

BACK

กลับ

Can you circle the hidden words?

F	R	Y	R	N	S	U	I	K	X
G	G	K	N	H	Z	N	F	B	E
W	J	O	A	O	K	X	K	P	F
J	H	X	U	F	E	J	D	E	V
B	L	U	E	B	E	R	R	Y	P
A	O	G	L	A	S	S	D	N	B
I	T	E	A	S	E	T	S	M	C
Q	U	Y	R	J	R	H	M	Q	X
N	R	M	E	V	N	D	B	T	W
H	T	V	N	S	D	O	I	O	X

FRY

ทอด

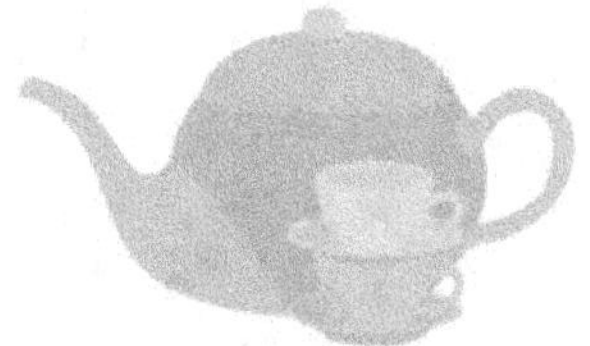

TEA SET

ชุดชา

GLASS

กระจก

BLUEBERRY

บลูเบอร์รี่

Can you circle the hidden words?

W	Y	A	M	P	U	K	Z	P	C
D	I	Z	G	D	O	V	I	T	I
H	P	S	I	N	G	C	P	U	F
Q	L	I	O	N	L	U	Q	X	Y
X	T	F	C	F	B	Z	F	L	Y
C	K	E	Z	P	F	Q	W	F	E
B	D	T	P	B	A	Z	B	Y	J
K	J	U	D	O	E	C	T	Q	R
T	V	I	K	W	G	V	J	P	Z
J	A	T	S	U	B	O	W	E	D

LION

สิงโต

JUDO

ยูโด

SING

ร้องเพลง

BOW

โค้ง

Can you circle the hidden words?

```
R  J  J  M  Q  J  R  Z  B  C
D  P  H  A  M  V  V  B  P  A
E  B  F  M  R  B  S  Z  X  T
X  C  O  M  P  U  T  E  R  H
X  K  A  N  G  A  R  O  O  Z
T  G  W  S  N  P  I  W  B  K
M  I  G  N  C  C  Z  E  K  N
V  R  A  T  M  K  O  X  R  C
W  S  U  J  H  E  A  R  T  E
B  K  J  P  S  H  E  E  P  S
```

COMPUTER

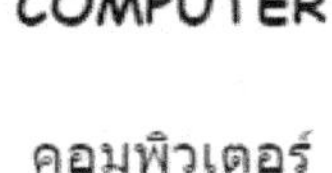

คอมพิวเตอร์

KANGAROO

จิงโจ้

HEART

หัวใจ

SHEEP

แกะ